Laurenz Demps

Der Invalidenfriedhof

Blick auf das Feld C des Friedhofs.
Erkennbar die Grabdenkmale für Scharnhorst, Boyen und im Vordergrund das Eisenkreuz für Friedrich Friesen. (BA)

Laurenz Demps

Der Invalidenfriedhof

Denkmal preussisch-deutscher Geschichte in Berlin

Brandenburgisches Verlagshaus

Bildnachweis
Bundesarchiv Koblenz (17), Ernst Kluge (1), Gartendenkmalpflege Berlin (2),
Geheimes Staatsarchiv – Preußischer Kulturbesitz (1),Landesarchiv Berlin (22),
Landesbildstelle Berlin (9), Landesdenkmalamt Berlin (10), Mauer-Archiv Hagen Koch (2),
Meßbildarchiv beim Brandenburgischen Landesamt für Denkmalpflege (2),
Staatsbibliothek zu Berlin – Preußischer Kulturbesitz (3), Privatbesitz (5)

Abbildung auf dem Einband
Grabdenkmal für Gerhard von Scharnhorst. Aufnahme 1995
Fotograf: Robert Grahn, Berlin

Abbildung auf der Rückseite
Grabdenkmal des Generalpächters Eli Jounin, gest. Februar 1780.
Aufnahme v. 3. April 1946 (LaBi)

Die Deutsche Bibliothek – CIP-Einheitsaufnahme
Demps, Laurenz: Der Invalidenfriedhof: Denkmal preußisch-deutscher
Geschichte in Berlin / Laurenz Demps. – Berlin:
Brandenburgisches Verl.-Haus, 1996
ISBN 3-89488-093-7

ISBN 3-89488-093-7

Schutzumschlaggestaltung: Morian & Bayer-Eynck, Coesfeld
Gestaltung und Satz: Typografik & Design – Ingeburg Zoschke
Reproduktionen: LiSa Lithografie und Satz GmbH
Druck und Binden: Westermann Druck Zwickau GmbH
Printed in Germany
Gedruckt auf alterungsbeständigem Papier mit chlorfrei gebleichtem Zellstoff

Inhalt

Geleitwort

Ein Besuch auf dem Invalidenfriedhof in Berlin ist eine Form der Annäherung an preußische, deutsche und insbesondere Berliner Geschichte der letzten 250 Jahre. Die Toten, die hier seit Mitte des 18. Jahrhunderts begraben wurden, mahnen uns zum Gedenken daran, daß Geschichte stets in die Gegenwart hineinragt und damit alles andere als vergangen ist; daß man aus der Geschichte ebensowenig austreten kann wie aus der Nation, in die man hineingeboren wird. Anders ist es kaum zu erklären, warum gerade der Invalidenfriedhof immer wieder Gegenstand politischer und ideologischer Vereinnahmungen und Voreingenommenheiten von verschiedensten Seiten war und ist.

Umso verdienstvoller ist die Arbeit über den Invalidenfriedhof, die Laurenz Demps in diesem Buch vorgelegt hat. Dem Autor ist eine handwerklich beeindruckende Studie gelungen, deren Faktenreichtum den hoffentlich zahlreich interessierten Lesern nicht nur eine ausgewogene Auseinandersetzung mit der Geschichte des Friedhofes ermöglicht, sondern die auch zum weiteren Nachdenken über die von tiefen Brüchen gekennzeichnete preußische, deutsche und Berliner Geschichte einlädt.

Es sei an dieser Stelle erlaubt, an einige Einschnitte dieser Geschichte zu erinnern, in deren Verlauf der Invalidenfriedhof zur Begräbnisstätte für hochrangige Militärs, Opfer von Kriegen, Wissenschaftler, Kulturschaffende, Widerstandskämpfer sowie einfache Bürger aus der Zivilgemeinde wurde.

Krieg war für die Entwicklung des Invalidenfriedhofes stets ein prägendes Ereignis. Die soziale Verpflichtung Friedrichs II. gegenüber seinen Soldaten führte im Zuge der Schlesischen Kriege zur Errichtung des Invalidenhauses. Dem folgte in der zweiten Hälfte des 18. Jahrhunderts durch die Entwicklung Berlins zu einem Zentrum der europäischen Aufklärung bei gleichzeitigem Bevölkerungszuwachs die Gründung der Zivilgemeinde. Trotz der kriegerischen Ereignisse zwischen 1740 und 1745 und erneut zwischen 1756 und 1763 wurde Berlin zu einem Anziehungspunkt für Wissenschaft, Theater und Musik. Die Einwohnerzahl wuchs parallel dazu kontinuierlich an – was bedeutende Auswirkungen auf die Invalidenhaus-Gemeinde hatte. Mit Beginn des 19. Jahrhunderts setzte – trotz der Niederlage von 1806 und der Befreiungskriege 1813/15 – die Industrialisierung ein, die Berlin später dank weitsichtiger Unternehmer und Erfinder zu einem Industriezentrum von Weltrang machen sollte. Auch dies führte zu einem weiteren Anwachsen der Invalidenhaus-Zivilgemeinde.

Die Zeit nach 1870, mit Berlin als Hauptstadt des Reiches, war zwar einerseits durch eine starke Stellung des Militärs gekennzeichnet, brachte andererseits aber auch erneut eine kulturelle Blütezeit, die sogar den Ersten Weltkrieg überlebte. Nicht zum ersten Mal bewies das dynamische Berlin angesichts von Krieg und Zerstörung seinen Überlebenswillen. Krieg – das war in all den Jahrzehnten epocheübergreifend ein zwar immer wiederkehrender Zustand, der die Stadt jedoch nicht dauerhaft lähmen konnte. Erst die Nationalsozialisten und später die SED-Diktatur haben es geschafft, Berlin seiner Pluralität und Vitalität zu berauben – vorübergehend, wie wir heute wissen.

Am Ende des Zweiten Weltkrieges wurde der Invalidenfriedhof zum Schauplatz der Kämpfe um Berlin. Während der deutschen Teilung errichtete das DDR-Regime auf dem Friedhof den berüchtigten Todesstreifen zur Absicherung der Grenzanlagen. Gleichzeitig versuchten die Machthaber in Ostberlin, durch eine selektive und betont einseitige Geschichtsinterpretation das Erbe der preußischen Reformer – unter ihnen Scharnhorst, der auf dem Invalidenfriedhof seine letzte Ruhestätte gefunden hat – zur Legitimierung ihrer Herrschaft zu mißbrauchen, soweit es in ihr jeweiliges Machterhaltungskonzept paßte.

Mit der Wiedererlangung der Einheit Berlins und Deutschlands nach dem Mauerfall 1989 haben wir nun erstmals die Chance, uns dem Invalidenfriedhof als ein Symbol der Brüche unserer Geschichte der letzten 250 Jahre zu nähern. Voraussetzung dafür ist ein der Objektivität verpflichteter Überblick der Fakten, soweit sie uns mit den Mitteln der Geschichtsforschung zugänglich gemacht werden können. Diese Voraussetzung hat Laurenz Demps mit seiner Untersuchung geschaffen.

Die organisch gewachsene Einbeziehung der Invalidenhaus-Gemeinde und des Invalidenfriedhofes in die wechselvolle Geschichte Berlins, Preußens und Deutschlands ist es gerade, die die Beschäftigung mit dem Gegenstand zu einem vielschichtigen und aufschlußreichen Unternehmen macht. Die ewige Wiederkehr des Krieges als Mittel der Politik über Jahrhunderte hinweg läßt uns heute ahnen, welchen Fortschritt es seither bedeutet, diesen Kreislauf von Gewalt, Unrecht und erneuter Gewalt wenigstens in der Mitte Europas durchbrochen zu haben. Daraus erwächst uns Heutigen die große Verantwortung dafür, diesen Prozeß in ganz Europa durch die weitere Einigung unseres Kontinents unumkehrbar zu machen.

Das Nebeneinander von Militärs und Zivilisten auf dem Invalidenfriedhof regt an zum Nachdenken über die Wechselbeziehung von soldatischer und ziviler Gesellschaft etwa zu Zeiten der letzten Jahrhundertwende unter den Bedingungen des Bismarck-Reiches, wogegen das heutige Deutschland der kommenden Jahrhundertwende als fest in internationale Strukturen eingebundene Nation entgegengeht. An die preußischen Reformer Scharnhorst und von Boyen gilt es zu erinnern, wenn wir heutzutage über die allgemeine Wehrpflicht als Mittel zur Gewährleistung einer echten Bürgerarmee unter Einschluß aller Schichten der Bevölkerung streiten und in Verbindung damit die unverzichtbare politische Bildung der Soldaten hervorheben.

Für den Philosophen und Theologen Ernst Troeltsch, der ebenfalls auf dem Invalidenfriedhof begraben ist, war der wachsende Graben zwischen dem antiwestlichen deutschen Sonderbewußtsein und dem freiheitlich-demokratischen Geist der westlichen Welt, namentlich in den angelsächsischen Ländern, bereits am Anfang der zwanziger Jahre unseres Jahrhunderts ein bewegendes Thema. Heute wissen wir, welche verheerenden Wirkungen in der Tradition dieses politischen Denkens in Deutschland eine Politik hatte, die das ganze Deutschland bis 1945 und das östliche Deutschland bis 1990 daran hinderte, sich als Teil der demokratischen Welt friedlich zu entfalten. Auch hier tragen wir heute und künftig Verantwortung, um zu verhindern, daß sich erneut ein solcher Graben auftut und Deutschland von den westlichen Demokratien isoliert.

Auf dem Invalidenfriedhof wurden Angehörige des verbrecherischen Nazi-Regimes beerdigt. Dies hat für lange Zeit einseitige Darstellungen und Bewertungen des Friedhofes als eines Nazifriedhofes weiten Raum gegeben. Dabei ist vielfach in Vergessenheit geraten und auch verdrängt worden, daß auch Widerstandskämpfer auf dem Friedhof ihre letzte Ruhe gefunden haben. Die Arbeit von Laurenz Demps ist auch an diesem Punkt geeignet, zu einem differenzierenden Urteil, das die Ambivalenz der Geschichte einschließt, zu gelangen. Uns Deutschen stehen aus unserer Geschichte als Nation identitätsstiftende Erfahrungen und Bindungen nur begrenzt zur Verfügung. Selbst diese Begrenztheit wird durch einen Besuch des Invalidenfriedhofes und bei der Lektüre der vorliegenden Arbeit spürbar. Umso notwendiger ist der pflegliche Umgang mit solchen Erfahrungen und den Stätten, an denen sie anschaulich werden. Dieser Umgang ist Teil einer Geschichtskultur, auf die das vereinte Deutschland angewiesen ist, wenn es den zentrifugalen Kräften der Gegenwart standhalten will.

Klaus Francke

Klaus Francke,
Mitglied des Deutschen Bundestages,
Stellvertretender Vorsitzender des
Fördervereins Invalidenfriedhof e.V.

Vorbemerkungen

Es gibt nur wenige vorurteilsfreie, qualitätvolle Arbeiten über den Invalidenfriedhof. Die wohl wichtigste verfaßte Theodor Fontane unter dem Titel: »Der Scharnhorst-Begräbnisplatz auf dem Berliner Invalidenfriedhof«, und in ihr heißt es beziehungsreich: »*Dies Grabdenkmal entstand in den zwanziger Jahren, einer Gegenströmung unerachtet, an der es damals nicht fehlte und auch viel früher nicht gefehlt hatte.*«[1] Die Details des Vorgangs, die Fontane hier ansprach, sind nur sehr schwer aufzulösen, aber mit seinem feinen Gespür reflektierte Fontane die Auseinandersetzungen über Scharnhorst und zugleich auch über das Grabdenkmal. Im wesentlichen waren es zwei ideelle und politische Strömungen, die sich gegen eine Ehrung Scharnhorsts aussprachen. Die eine Richtung – die Borussen – sah in ihm den »Revolutionär«, der liebgewordene Entwicklungen rigoros und kenntnisreich beseitigt hatte, und die andere – die Bonapartisten – sah in ihm den typischen preußischen Militär, dessen Ehrung eine Aussöhnung mit Frankreich verhinderte, wenn nicht gar unmöglich machte. Es gab eine Zeit, in der das Grabmal von Scharnhorst – und damit wohl auch seine Person – umstritten war, obwohl spätere Generationen gerade dieses als das Wertvollste des gesamten Friedhofs betrachteten und betrachten.

Zahlreiche Arbeiten und Veröffentlichungen über diesen Friedhof existieren vor allem aus der Zeit nach dem Ersten Weltkrieg und der NS-Zeit. Die nachweisbar erste stammt aus dem Jahre 1904 und wurde von Kurt Walleiser erarbeitet. Er bezeichnet sich selbst als Major a.D. im Königlichen Invalidenhaus.[2] Seine Arbeit war informativ, hob aber einseitig die militärische Seite des Friedhofs hervor.

In der Zeit nach dem Ersten Weltkrieg geriet der Friedhof in den Strudel politischer Auseinandersetzungen. In ihm sahen Konservative, aber dann auch die Gegner des Versailler Vertrages einen Ort des Bewahrens, an dem sich politische Kräfte für einen neuen Waffengang formieren könnten. Diese Tendenzen zum Mißbrauch waren dann in der NS-Zeit voll zum Tragen gekommen. Dabei ging für Teile der Öffentlichkeit der Charakter des Ortes als Friedhof – mit Wirkungen über die Zeit hinaus – verloren. Eine erste Arbeit mit diesem Grundtenor stammte aus der Feder von Hermann Frankfurth und erschien im Jahre 1924. Dort heißt es: »*Es wird einmal eine Stunde kommen, wo der gewaltigste und tragischste Kampf einer Nation um ihr Dasein in den Sagen der Völker zu einem Epos wird, in dem die großen Gestalten des Weltkrieges Ausmaße erhalten werden, vor denen ein Dietrich von Bern, ein Hildebrand und ein Hagen versinken.*«[3] Und an anderer Stelle: »*Aus Täuschungen kommen Erniedrigungen; sie wandeln sich für den, der Einkehr hält, in Erhebungen zum Glauben und zur Hoffnung*«.[4]

Konkret fragt man sich heute, was das mit einem Friedhof zu tun haben könnte, war es doch mehr als Zeitgeist.

Die Tendenz, die aus diesen nach dem verlorenen Ersten Weltkrieg geschriebenen Zeilen spricht, ist die eine Seite der Wertung. Der Friedhofsinspektor Karl Treuwerth veröffentlichte 1925 eine insgesamt gut recherchierte, qualitätvolle Arbeit über den Invaliden-

Steinerne Grabkreuze aus der ersten Hälfte unseres Jahrhunderts, Aufnahme 1990. (LaBi)

friedhof. Er nannte sie im Untertitel: »Eine Stätte preußisch-deutschen Ruhms.«[5] Im Text weitaus zurückhaltender, hütete sich der Autor vor »heroischen« Entgleisungen und blieb im Detail äußerst genau. Aber die Bewertung als »Stätte des Ruhms« schrieb sich unter den konkreten Bedingungen der Jahre nach 1925 fort. Es muß bereits jetzt festgehalten werden, daß die Arbeit von Treuwerth zu einem Zeitpunkt erschien, als damit begonnen wurde, jene Grabstellen einzuebnen, deren Liegezeiten abgelaufen und nicht mehr erneuert worden waren.

Vergleicht man die von ihm vorgelegten Namensverzeichnisse mit späteren nach 1945 entstandenen, so fällt auf, daß viele Grabstellen der bis zum Jahre 1924 in den Arbeiten aufgeführten Personen bereits in den dreißiger Jahren nicht mehr nachweisbar waren. Es bleibt der Verdacht, daß sich die Arbeit von Treuwerth gegen eine derartige (noch zu beschreibende) Einebnungsaktion wandte; ein Vorhaben, das mißlang.

1936 veröffentlichte Günter Hintze eine weitere Arbeit über den Invalidenfriedhof in Berlin. Der Untertitel lautete: »Ein Ehrenhain preußisch-deutscher Geschichte«.[6] Die Arbeit folgt der Sprache der NS-Zeit: *»Sieben oder acht Menschenalter deutscher Vergangenheit treten uns hier entgegen; von den Zeiten Friedrich des Großen an bis hin zum neuen Deutschland unserer Tage gibt es hier Erinnerungen an jedes wichtige Ereignis der preußischen Geschichte, an die großen Zeiten, aber auch an die trüben. Fast alle Kommandanten und Gouverneure des Invalidenhauses sind hier bestattet worden, dazu Hunderte von Generalen, mehrere Kriegsminister, bekannte Heerführer und Kampfflieger, und* *man hat deshalb schon vor Jahren einmal den Vorschlag gemacht, den Invalidenfriedhof zum Nationalheiligtum oder zum Ehrenhain zu erklären.«*[7] Diese im wesentlichen einseitige und nur auf die militärische Seite ausgerichtete Interpretation ist – wie noch zu beweisen sein wird – angesichts der dokumentarischen Überlieferung nicht zu halten, spiegelt aber die heroische Überhöhung und den Mißbrauch dieses Ortes stillen Gedenkens in einem revanchistischen und militaristischen Geist in den Jahren vor 1945 wider. Nach 1945 trifft man bei allen Parteien auf diese Form der Verfälschungen und einer einseitig negativen Bewertung der preußischen Geschichte, mit weitreichenden Folgen für diesen Ort. Hier soll zunächst nur auf Hintzes Übertreibungen (Hunderte von Generalen) hingewiesen werden.

Die konkrete Untersuchung fördert ein anderes Bild von der Geschichte dieses Ortes zutage. Er entstand als ein Armenfriedhof des Militärs, als letzte Ruhestätte für Personen, die ihre Gesundheit im Dienst für den Staat eingesetzt hatten. Das 19. Jahrhundert erbrachte eine Aufwertung im Sinne einer Erinnerung an die Personen und Persönlichkeiten, die in den Befreiungskriegen gewirkt hatten. Bei einem Teil der Eliten – nicht nur des Militärs, sondern von Medizinern, Theologen und Wissenschaftlern – bestand die Tendenz, diesen Ort als herausragenden zu betrachten, obwohl es dazu keine – wie immer vermutet – Absicht zentraler Behörden gab. Der Schlußpunkt dieser Entwicklung war die Beisetzung von Parteigängern der NS-Zeit, wie dem Massenmörder Reinhard Heydrich, die das Bild der Anlage verdunkelten. In der anderen Traditionslinie dieses Friedhofs stehen die hier beigesetzten Widerstandskämpfer des 20. Juli 1944 sowie die Toten der Schlacht um Berlin des Jahres 1945. Das Schicksal, das dieser Friedhof dann in den Jahren nach 1961 erlitt, indem er als Grenzgebiet der DDR fast völlig verwüstet wurde, ist symptomatisch dafür wie in der DDR mit einem Teil der Geschichte umgegangen wurde.

Es gibt wohl sonst keinen Ort in Berlin, an dem – trotz aller Zerstörungen und Verwüstungen – das Bild der preußisch-deutschen und der Berliner Geschichte konzentriert nachvollzogen werden kann. Dieser Ort steht für eine fast 250jährige Geschichte, er ist ein Denkmal der deutschen, preußischen und Berliner Geschichte, ein Ort, der zum Nachdenken über sie anregen soll, nicht um sie zu preisen oder mit falschem Pathos zu überhöhen.

Das Ansehen mancher auf dem Invalidenfriedhof beigesetzten Personen war bei den Zeitgenossen umstritten und ist es z.T. noch. An einigen der dort Beigesetzten ist öffentliches Interesse gänzlich erloschen. Jede Generation hat verschiedene Vorstellungen an diesen Friedhof geknüpft. Für die Gegenwart scheint die Antwort noch nicht gefunden, obwohl es hier drängt. Er ist in letzter Zeit in der Presse als »Nazifriedhof« bewertet worden. Deshalb ist es an der Zeit, seine Geschichte im Spiegel der dokumentarischen Überlieferung zu sehen.

Der Autor dankt insbesondere den Mitarbeitern des Landesdenkmalamtes, den Mitarbeitern des Umwelt- und Grünflächenamtes des Bezirks Berlin-Mitte sowie den Mitarbeitern des Landesarchivs Berlin und des Geheimen Staatsarchivs Preußischer Kulturbesitz. Ein Dank auch an das Bildarchiv des Bundesarchivs in Koblenz. Alle Genannten und Ungenannten haben die oft bohrenden Fragen bei der Suche nach Material ertragen und bereitwillig ihre Unterstützung eingebracht.

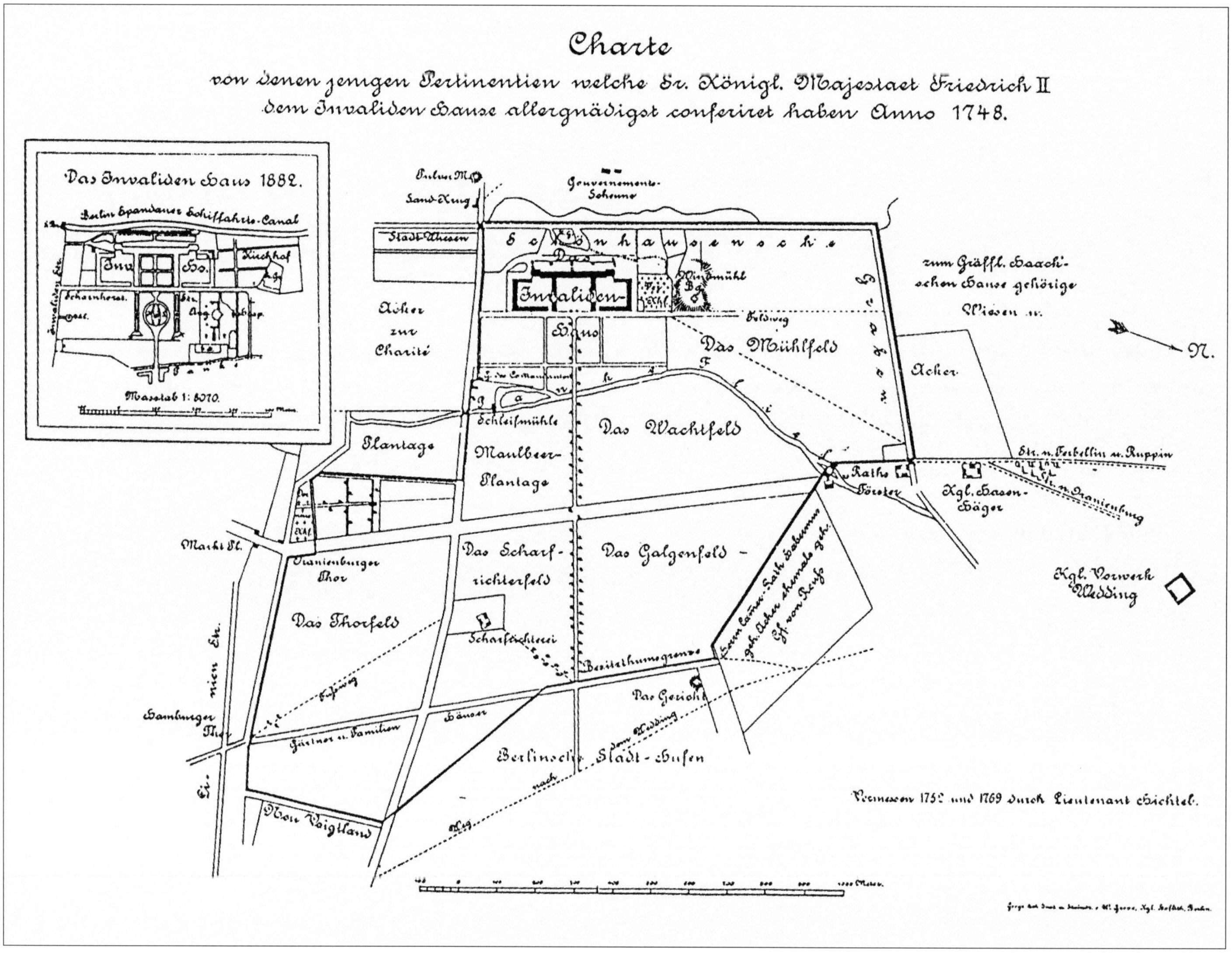

»Charte von denen jenigen Pertinentien welche Sr. Königl. Majestät Friedrich II. dem Invalidenhaus allergnädigst conferiret haben Anno 1740«
(aus v. Ollech, Geschichte des Invalidenhauses)

I. Das Königliche Invalidenhaus zu Berlin

Die Vorgeschichte

Wenig beachtet und bisher noch nicht ausreichend untersucht ist die Geschichte des Invalidenhauses in Berlin. Sie muß angeführt werden, da der hier zur Untersuchung anstehende Ort nur im engsten Zusammenhang mit dieser militärischen Einrichtung zu sehen und zu werten ist. Obwohl bereits in der Namensgebung »Invalidenfriedhof« der Begriff »Invaliden« auftaucht und das Gebäude in großen Teilen heute noch existent ist, findet das kaum Beachtung. Es fehlt eine historische Untersuchung, denn auch hier ist durch Überinterpretation das Bild vor allem seitens der Publizistik und Propaganda getrübt. Verwiesen werden soll auf die einzige – wissenschaftlichen Kriterien aber nicht standhaltende – Arbeit von Rudolf Ollech, Kommandant des Invalidenhauses, aus dem Jahre 1885, ergänzt im Jahre 1904 durch Leutnant Lorenzen.[8] Es handelt sich im wesentlichen um ein in kommentierter Chronik zusammengefaßtes Material, dessen Wert vor allem darin begründet ist, daß die wesentlichen dokumentarischen Belege im Wortlaut angeführt sind und so nach dem Verlust des Archivs des Invalidenhauses (das als vernichtet resp. als verschollen gilt) ein weitreichender Überblick möglich ist. 1905 folgte dann eine Erweiterung dieser Arbeit in der von v. Ollech vorgegebenen Form.[9]

Auf einige Seiten der Geschichte des Berliner Invalidenhauses muß zum Verständnis der Geschichte des Invalidenfriedhofs verwiesen werden. Es ist eine in der sozialgeschichtlichen Literatur unbestrittene Tatsache, daß in den am 30jährigen Krieg beteiligten Ländern Europas – und hier insbesondere im Heiligen Römischen Reich deutscher Nation – sich in den Unterschichten Perspektivlosigkeit breitmachte. Die zahlreichen, folgenden dynastischen Kriege ließen diese Tendenz eher stärker werden, das Land nicht mehr zu bestellen, das Gewerbe nicht mehr auszuüben etc., da die Kriege ja doch alles wieder zerstörten. Man ging dann lieber betteln oder schlug sich sonst irgendwie durch. Dagegen mußten die jeweiligen Regierungen einschreiten. Hier sollen weniger die politischen als mehr die sozialen Aspekte dieses Vorgehens angedeutet werden. Die dynastischen Regierungen waren gezwungen, soziale Aspekte in ihre Politik einzubeziehen, um so einen Ausgleich zu schaffen. Dazu gehörte nach dem Entstehen der stehenden Heere eine Fürsorgepolitik gegenüber den Dienern des Staates, den Soldaten. Dieser Stand wurde ein Beruf, und die Soldaten dienten den größten Teil ihres Lebens. Das folgende vollzog sich in europäischen Dimensionen; der Soldat als Staatsdiener erhielt Sold, riskierte sein Leben und seine Gesundheit. Er diente sein Leben lang, meistens von frühester Jugend an bis ins hohe Alter. Vermögen oder Werte zu schaffen, um damit die Zeit nach einer Dienstunfähigkeit zu überbrücken, gelang ihm meistens nicht. So blieb das Problem der Versorgung für ihn und vor allem für seine Familie.

Die europäische Literatur und Märchenwelt zeigt oft das Bild des abgedankten Soldaten, der nach erbrachter Leistung entlassen wurde und keine Zukunft mehr hatte. Wer wollte noch Soldat werden, wenn er dann als Bettler vor der Kirchentür stand und für seine Leistung keine Entschädigung mehr von dem Potentaten erhielt, für den er Leben und Gesundheit eingesetzt hatte? Das Vereinigte Königreich von Großbritannien und Nordirland griff bereits im 17. Jahrhundert den Gedanken der Schaffung eines Versorgungsinstituts für 5 000 kranke und alte Soldaten auf, was später verwirklicht wurde, und das Königreich Frankreich dachte in ähnlichen Dimensionen. Auch Brandenburg-Preußen als werdende Großmacht, die ihre Soldaten weniger aus den Landeskindern als aus Bewohnern anderer deutscher Staaten und dem Ausland warb, mußte daran denken, blessierten Soldaten oder den Familien gefallener Soldaten ein Äquivalent für die erbrachte Leistung zu schaffen bzw. den Lebensabend dieses Personenkreises zu sichern.

In den für die Geschichte der Stadt Berlin so wichtigen, aber bisher noch wenig benutzten Protokollen des Geheimen Kriegsrates wird mehrfach auf die Versorgung der preußischen Soldaten und den Bau eines Invalidenhauses in oder bei Berlin eingegangen. So heißt es im Protokoll für die Sitzung am 13. Januar 1703: *»Von denen nach letzter Campagne anhier gekommenen blessierten und invalides soll gesorgt auch damitt selbige unter die blessierte Compagnie kommen mögen.«* Weiter wird dann festgelegt, daß ein *»Maison des Invalides angefertigt und angebaut werde. K. M. sind auch allergnädigst geneigt«*, das den Generälen mitzuteilen.[10]

Am 17. März waren Stadtplanungsfragen Gegenstand der Sitzung, und es wurde über Bauten in der *»Königsstraße nach Friedrichsfelde«* gesprochen. Weiter heißt es dann: *»9. Auch wolle Sie* (die Königliche Majestät) *in Stralow ein Maison des Invalides erbauen laßen.«*[11] Am 13. Juli wird festgelegt: *»6. Wegen des Maison des Invalides. Es sollen Anschläge gethan werden, woher das Geld zu nehmen, und wo es hin zu verlegen.«*[12] Am 11. August wird festgelegt, daß *»... der Sache wegen Anlegung des* MAISON DES *Invalides soll eine Commission angeordnet werden.«*[13]

Am 22. Mai 1705 folgt eine Königliche Ordre: *»Nachdem Seine Königliche Majestät in Preußen, in Erwägung der noch continuierenden Kriege, für die sich vorfindenden Invaliden, welche durch Blessuren und andere Incomoditäten zu fernerem Kriegsdienst untüchtig geworden sind, – beschlossen haben, für diese Soldaten aus Mitleid und Königlicher Gnade durch eine zureichende Verfassung zu sorgen, so soll ein Invalidenhaus erbaut werden, in welches eine Anzahl Invaliden eintreten, zu deren Erhaltung und Bestreitung der Kosten ein Fond ausfindig gemacht werden muß.*

Zur Facilitirung dieses auch zu Gottes Ehren abzielenden Werkes haben Seine Majestät zuvörderts Dero Sohn, des Kronprinzen Hoheit, so wie Dero Bruder, des Prinzen Albrecht Friedrich Hoheit, mit der Direction dieses Baues und der Versorgung der Invaliden beauftragt, in der Voraussetzung, daß Ihre Hoheiten aus Großmuth und Mitgefühl diese Vorsorge zur Erreichung des Zwecks gerne übernehmen werden.

Da dieses Werk viel Mühe und Arbeit erfordern wird, so sollen zu dieser wichtigen Commission noch hinzutreten der Ober-Kämmerer Graf v. Wartenberg, der General-Feldmarschall Graf v. Wartensleben, der Generallieutnant v. Fincken und die Minister Freiherr v. Danckelmann und v. Ilgen. Seine Majestät werden allergnädigst einen Bauplatz schenken. Auf den Bauplan, die Herbeischaffung der Baumaterialien und auf die Mittel zur Erhaltung der Invaliden ist sorgfältig Bedacht zu nehmen.

Der Kriegsrath v. Kraut wird über die Gelder und Einkünfte, welche für das Invalidenhaus schon bestimmt sind, Rechnung legen. Militärische Strafgefälle, welche durch die Kriegsrechte erkannt werden, sollen künftig in die Invalidenkasse fließen.«[14]

Das hatte sofortige Folgen. Der Geheime Kriegsrat legte am selben Tage fest, daß die ausstehenden Gelder für die Rekrutenkasse (Chargen-Kasse) für die Invaliden verwandt werden sollen. Die Festlegung lautete: *»Es soll denjenigen so noch schuldig sind angezeigt werden, wofern Sie nicht binnen gewißer Zeit Ihre Schulden retablieren (bezahlen) Sie das Duplum (Doppelte) zur Invaliden Casse zahlen sollen, es soll auch nach Tilgung der Schulden die Chargen Casse die haftenden Capitalien zu behuff der Invaliden verwandt werden.«*[15] Eine Kommission wurde eingesetzt und die ersten Einkünfte für die Versorgungskasse beschlossen.

Schon einen Monat später, am 29. Juni, folgte die nächste Festlegung (gegeben zu Charlottenburg), um die Finanzen für das Invalidenhaus zu sichern, den zu suchenden Fond, zu bestimmen: *»Demnach Wir allergnädigst geneigt sein, zu Beförderung und beständiger unterhaltung, des von Uns ohnlängst gestifteten und anzubauenden Invaliden Hauses mit Unserer Königlichen Milde, und Freygebigkeit, wie bisher, also auch ferner zu continuieren; Daß Wir so demnach aus selben diesen fundamente bewogen worden, jetzt besagtem Inva-*

Das Recht
Der
INVALIDEN
Häußer/
Vorgestellet bey Gelegenheit
Des von Ihro Königl. Majestät zu
Preußen neuangeordnetem
INVALIDEN-Hauß/
Für alte und breßhaffte
Soldaten.
Wobey zugleich die bey auswärtigen Potenzen deswegen
gemachte Veranstaltung angeführet werden.

NE STATERAM TRANSILIAS

Franckf. und Leipzig A. 1707.
Zufinden in Rengerischer Buchhandlung.

Erste Seite der Schrift »Das Recht der Invaliden Häußer« von Kriegsrat Ludwig, Frankfurt a. M. und Leipzig 1707

liden Hauße denjenigen Krug, welcher in der Königs Vorstadt Unserer Residentz Berlin belegen ist, und zu Unserer in Gott verewigten Gemahlin, der Königin Majest. Vorwercke vor dem Spandauischen Thor bisher gehöret, mit allen darauf gelegten Privilegien, Freyheiten und Gerechtigkeiten, eigenthümlich allergnädigst zu zu wenden, und zu schencken. Thun das auch als der Landes-Fürst donieren, schenken und übergeben vorgemeldeten Krug nebest denen dazu gehörigen Pertinenzien an gedachten Invaliden Hauße hiermit und Krafft dieses Unseres begnadigungs Briefes, dergestalt und also, daß die jetzige und künftige Adminstratiores der Invaliden Casse, der Ertrag und die Einkünfte von solchen Kruge, so guth Sie denselben nutzen können zu erheben, den selben wieder männigliches an und Zuspruch geruhig und ewig besitzen, genißen und gebrauchen, und damit als mit dem zu mehrgedachten Invaliden-Hauße gewidmeten Eigenthum, gebrauchen mögen, Allermaßen Wir dann Unserer Amts-Cämmerey hiermit allergnädigst anbefehlen sich darnach zu richten und offbesagten Krug, auf obgemeldeter Ahrt und Weise forderlichst zu übergeben, und einzuräumen als wobey Wir das Invaliden Hauß, zu jederzeit allergnädigst und kräfftigst schützen wollen.«[16]

Die aus diesem Vorgang hin und wieder gezogene Schlußfolgerung, an dieser Stelle, später am Alexanderplatz, sollte das Invalidenhaus in Berlin gebaut werden, geht auf eine Bemerkung von Nicolai aus dem Jahre 1786 zurück und erscheint zunächst logisch, ist aber im Spiegel der Protokolle des Geheimen Kriegsrates nicht eindeutig. Zunächst belegen die zitierten Dokumente den Beschluß zum Bau des Invalidenhauses sowie seine Finanzierung, sein Bauplatz war aber noch nicht bestimmt.

Auf eine andere Entwicklung soll verwiesen werden. Das Gelände des Invalidenkruges lag am östlichen Ende des heutigen Alexanderplatzes, also außerhalb der Festung Berlin. Es gehörte zu jener Zeit zu einem Vorwerk der Kurfürstin, dann Königin Sophie Charlotte. Sein Zentrum lag etwa im Bereich des später gebauten Schlosses Monbijou. Den westlichen Teil dieses Geländes hatte die Kurfürstin ab 1691 zu großen Teilen nach und nach an Bedienstete ihrer Hofhaltung gegeben. Ab 1701 folgten die östlichen Teile. Dieser Stadtteil war im Jahre 1701 insgesamt aufgewertet worden, da nach der Krönung des Kurfürsten Friedrich III. zum König Friedrich I. in Königsberg die feierliche »Einholung« der gekrönten Majestäten in die Residenz durch das vor der Festung liegende Stadttor erfolgte, welches später den Namen Königstor und das Stadtviertel Königsstadt erhielt. Eine hier nicht weiter auszuführende Stadtplanung erfaßte das gesamte Gelände, und dazu gehörte auch das Invalidenhaus sowie weitere zu errichtende Bauten. So übergab u.a. die Königin am 31. Dezember 1701 vier Grundstücke an ihre »Cammer-Laquais«.

Das Invalidenhaus blieb ein Thema im Geheimen Kriegsrat, so hieß es am 5. Februar 1707: *»Vor das Königs Thor soll nicht ein Kirchoff angeleget, sondern ein Platz an dem Orthe wo das Invaliden Hauß stehen soll, ...«* bestimmt werden.[17] Am 3. Mai standen Fragen der Finanzierung des Invalidenhauses auf der Tagesordnung. Es ging dabei um den noch ausstehenden Betrag von 30 000 Talern.[18] Weitere Belege ließen sich anführen, aber letztendlich bleibt unklar, warum es nicht zur Bauausführung kam. Im allgemeinen wird davon ausgegangen, daß die Zahl der Invaliden nach Beendigung der Kriege nicht mehr wuchs und die Pestepedemie von 1709 andere Aufgaben stellte.

Der Kriegsetat vom 5. Januar 1702 nennt 486 Invaliden:

»Blessierte	Köpfe
Spandau	193
Löschebrandt	191
Johannisburg	102«[19]

Eine weitere Aufstellung vom 23. Mai 1703 enthält dagegen 525 »Invaliden«,[20] am 17. März 1704 waren es dann 630.[21] Die Liste der Königlich-Preußischen Armee vom 2. Januar 1705 verzeichnet 717 Invaliden (Alte Trabanten 79, in Spandau 183, in Löschebrandt 285, in Johannisburg 100 und in Altena 70).[22] Die Liste führt weiterhin verzeichnete Invaliden auf, die *»in verschiedenen Königlichen Vestungen so zur Besatzung mit gebraucht werden.«*[23] Der Kriegsetat für die Jahre 1731/32 nennt bereits 12 Offiziere und 971 Gemeine, die als Invaliden geführt wurden.[24]

Die Hugenotten brachten den Gedanken des Invalidenhauses nach Preußen. Hier wäre der aus Paris stammende Architekt Jean de Bodt zu nennen, der in England an der Planung eines derartigen Hauses mitgearbeitet hatte und Ende des 17. Jahrhunderts für den heutigen Gendarmen-Markt ein Invalidenhaus entwarf. Das verfiel der Ablehnung, ein weiterer Vorschlag sah kurz danach ein derartiges Haus für die Gegend am Königstor vor.

Der Bauplatz sollte zwischen der heutigen Alexander- und Prenzlauer Straße in der Nähe des damaligen »Ochsenplatzes«, heute Alexanderplatz, liegen. Das Grundstück lag auf einer Schäferei, die der Königin Sophie Charlotte gehörte.[25] Nach ihrem Tode (1705) bestimmte König Friedrich I. diesen Platz zum Bau eines Invalidenhauses. An gleicher Stelle stand ein Gasthaus, der »Sandkrug«, der von da an »Invalidenkrug« hieß. Viele nannten ihn auch wegen der hier verkehrenden Soldaten »Stelzenkrug«.

Weitere Aktivitäten verlagerten sich an die Universität nach Halle. Dort vergab der Kriegsrat Johann Peter von Ludewig (oft auch Ludwig geschrieben – d.A.) eine Dissertation zum Thema: »Jura Valetudinari Militum Mementorum« (Invalidenhäuser) an den Kandidaten Karl Ludwig Krug aus Nidden, die 1706 vertei-

Entwurf für das Berliner Invalidenhaus, 1707
(Aus: »Das Recht der Invaliden Häußer«)

digt wurde. In dieser in Latein abgefaßten Arbeit wurden die Geschichte der Kriegsinvaliden in der Antike behandelt sowie Textstellen der antiken Juristen und der Bibel über das Schicksal alter Soldaten zusammengetragen. Am Schluß der Arbeit legte Krug ein in Deutsch verfaßtes Gedicht vor, das seine Erkenntnisse über die antike Invalidenversorgung und den Schritt König Friedrich I. zusammenfaßte und wertete. Ein knapper Auszug aus der Eloge mag genügen:

»Ich schreibe nicht zurück, du wiesest mir den Weg
Denn: Du handelst mit Königlichem Verstand!
Noch mehr: Die Thaten selbst. Gewiß! du bist nicht träge!
Denn so wird Friedrichs Reich der gantzen Welt bekannt.
Wohl dem SALOMO! Wohl allen seinen Knechten!
Wo lebt man ruhig zu Kriegs- und Friedenszeit?
Als unter FRIEDRICH dem Weisen und Gerechten
Wo Treue, Lieb und Furcht einander Hülfe werden.«[26]

Überliefert ist ein Exemplar der Promotionsschrift mit dem Einband der Bibliothek des Königs. Ludewig war nach Beschluß des Geheim Kriegsrates bereits 1705 in Halle angestellt worden und erhielt wohl nach dieser Promotion den Auftrag, nachstehende Schrift zu verfassen: *»Das Recht der Invaliden Häußer, Vorgestellt bei Gelegenheit Des von Ihro Majestät zu Preußen neuangeordneten Invaliden Hauß für alte und breßhafte Soldaten. Wobey zugleich die bey auswärtigen Potenzen deswegen gemachte Veranstaltungen angeführt werden, Frankfurt am Main und Leipzig 1707«.* Über weite Strecken stellte diese Schrift eine einzige Herausstellung der tatsächlichen und vermeintlichen Absichten des Königs dar. Da diese Schrift bisher kaum benutzt, in der Literatur aber immer wieder angeführt wird, seien einige Textstellen im Zusammenhang mit der Entwicklung der Stadt Berlin und der Absicht zum Bau des Invalidenhauses angeführt. Es heißt in der umfänglichen Einleitung: *»§ 4 Ihro Königl. Majestät*

Landesverwahrliche Vorsorge erhellt nicht mehr aus zierlicher Anbauung der Städte welche unter Ihro Königl. Majestät Regierung mit so vielen kostbaren und kunstreichen Pallästen und Häusern angefüllt, daß sie gleichsam eine neue Welt vorzustellen scheinen. Zweiffelt jemand hieran, der betrachte die Hauptstadt Berlin; in selbiger die Königl. Residentz, ein Musterstück der heutigen Baukunst, so viele Kirchen, das Zeughauß, den so hohen und kunstreiche(n) Thurm; daß Waysenhauß in Berlin: um Berlin die Königl. Lustschlösser : Scheenhausen, Charlottenburg, Friedrichsfeld.

§ 5 Die vorhin schon bestehenden Städte sind ebenmäßig in besser Ordnung gebracht, da man die neuen Colonien, als Frantzosen, als Pfältzern, Schweitzern ihre eigenen Rechte, Obrigkeiten, Befreyung von Aufflagen auff viele Jahr, und denen, so neue Häuser anbauen wollen, den dritten Theil der Kosten aus Königlicher Gnade zugestanden.«[27]

Nach dem sich noch in vielen Abschnitten hinziehenden Lob, das mit vielen bis heute noch nicht beachteten Details der inneren Entwicklung Berlins »gefüllt« wurde, kommt Ludewig zum Anliegen der Schrift: *»§ 41 Eben der Monarch, so der studierenden Jugend zum besten die höchstblühende Friedrichs-Universität gestifftet; eben dieser baut den ohnvermögenden Alten wohlverdienten Soldaten ein Königliches Invaliden Hauß zu sicherer Zuflucht wider das Elend, Ungemach und Gebrechen. Nachfolgungswürdiges Exempel vor alle Prinzen, die in der That sich zu bewerckstelligen, wesen Justianianum mit Worthen erklärt, nemliche ihren Staat durch Gesetze zu bewaffnen und durch die Waffe zu schützen.«*[28]

§ 42 In Ansehen der Soldaten verdienen sie erstlich dadurch eine Belohnung und Ergeblichkeit in ihrem unvermögenden Alter, weil das Soldatenleben an sich selber sauer, muhsam, tausend Beschwerlich- und Gefährlichkeiten unterworffen« ist. Weiterhin wird angeführt, daß *»die aktiven Soldaten wenig Sold, drittens keine Beute mehr machen können, da die Kriegsgesetze es verbieten und viertens gebietet es die Dankbarkeit.«*[29] Aber Ludewig macht darauf aufmerksam, *»als daß man keine im Invalidenhauß auffnehmen sollte, die sonstige Mittel zum Leben haben.«*[30] Das entsprach dem Denken der Zeit und geschah nicht aus Geiz: der Einzelne hatte nach dem Verständnis der Zeit für die Allgemeinheit dazusein und wer sich einsetzte und dann noch kein Vermögen hatte, den sicherte die Allgemeinheit.

Plan des Landbesitzes des Invalidenhauses von 1749, einkopiert in eine Karte von 1992. (Kulturstiftung der Länder)

Diese bisher gering bewertete Schrift enthält u.a. eine Ansicht für ein geplantes Invalidenhaus. Nach Ansicht von Ollech stelle dies das geplante Gebäude dar, aber dafür gibt es keinen Beleg. Die Realisierung unterblieb aus Geldmangel. Dem eingesetzten Komitee gehörten immerhin zwei der Personen, Graf v. Wartenberg und Graf v. Wartensleben, an, die als Teil des »dreifachen Wehs« in die preußische Geschichte eingegangen sind, da sie mehr an ihr persönliches als an das öffentliche Wohl dachten.

Es blieb aber trotz der fehlenden Mittel die Einrichtung von »Invaliden-Compagnien« sowie der »Invaliden-Thaler« als soziale Maßnahme zur Versorgung der Personen, die sich um den Staat verdient gemacht hatten. König Friedrich Wilhelm I., oft in der Literatur vereinfachend als »Soldatenkönig« bezeichnet, erklärte unmittelbar nach seiner Thronbesteigung am 18. März 1713: *»Nachdem Seine Königliche Majestät in Preußen das von* ***Dero*** *hochseligen Herrn und Vaters Majestät rühmliche fundierte* ***Invalidenwesen*** *fortgesetzt wissen wollen; auch zu dem freundlich geliebten Vetter Herrn Markgraf Albrecht Friedrich das feste Vertrauen haben, daß Sie das Directorium weiterführen werden, – so haben Seine Majestät für gut befunden, der Commission des Feldmarschall Grafen v. Wartensleben noch acht Geheime Kriegsräthe und Etatsräthe zuzuordnen, welche das Etablissement und die Fundation der Invaliden administrieren sollen. Ueber Oekonomie, Empfang und Ausgabe der für die Invaliden eingehenden Gelder und Einkünfte haben Seine Majestät eine Instruction gegeben. Was aber die Aufnahme der Soldaten anbetrifft, so wollen Seine Majestät dieselben selbst sehen und alsdann weiter über sie disponieren.«*[31]

Da Preußen in diesen Jahren nur indirekt an den europäischen Kriegen beteiligt war, unterblieb aus Kostengründen die Realisierung eines derartiges Hauses. Das änderte sich nach den beiden ersten Kriegen, die Friedrich II. 1740/41 und 1745/46 (1. und 2. Schlesischer Krieg) führte. Nun gab es neue Forderungen, die die bisher nur theoretisch behandelte Möglichkeit in einem anderem Licht erscheinen ließ. Kriegsrat Dr. Schaarschmidt schrieb unter dem 1. Mai 1741: *»Der In-*

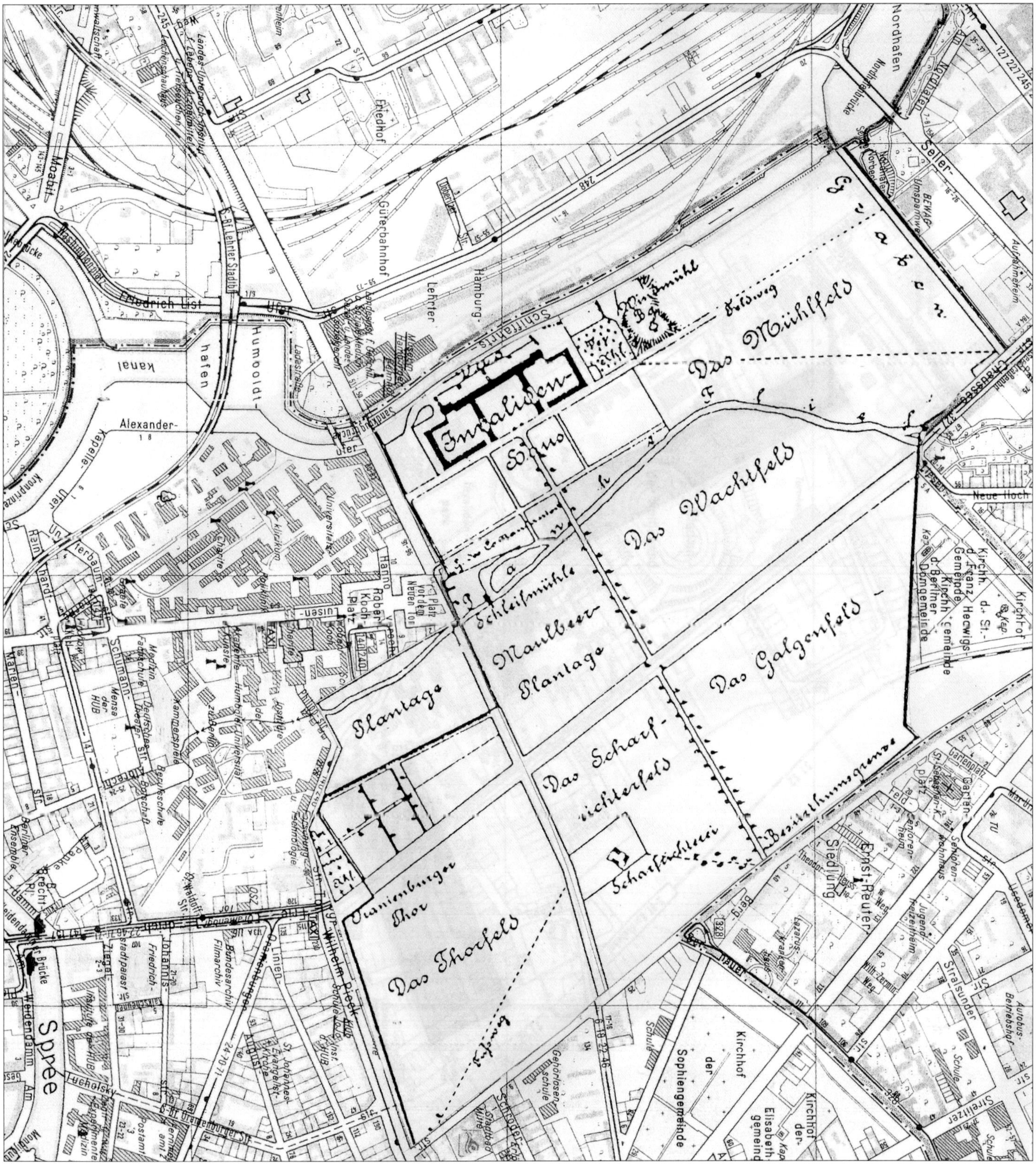

Das Mühlfeld
Windmühl
Feldweg
Invaliden-Haus
Das Wachtfeld
Schleifmühle
Maulbeer Plantage
Plantage
Das Galgenfeld
Das Scharfrichterfeld
Scharfrichterei
Bestattungsgrenze
Oranienburger Thor
Das Thorfeld
Humboldt-hafen
Alexander-Ufer
Friedrich-List-Ufer
Güterbahnhof
Hamburg-Lehrter
Nordhafen
Spree
Kirchhof der Sophiengemeinde
Ernst-Reuter-Siedlung

spector der Charité in Berlin Habermaaß erbietet sich, ein Invalidenhaus neben der Charité für wenigstens 400 Personen zu erbauen, dergestalt, daß wenn Euer Majestät die freien Baumaterialien allergnädigst accordieren wollen, er nicht nur den Bau, ohne daß es Euer Majestät ein Weiteres koste, ausführen, sondern auch den Unterhalt für 400 Personen herbeischaffen werde. Da der jetzige Krieg Invaliden erzeugen dürfte, so habe ich meiner unterthänigsten Schuldigkeit zufolge, Euer Majestät dies melden müssen, und erbitte eine allergnädigste Ordre, ob der Habermaaß seine Vorschläge Euerer Majestät oder einer Commission vorlegen darf.«[32]

Die Vorschläge wurden zwar eingefordert, aber sie galten als noch nicht annehmbar. Erst nach dem 2. Schlesischen Krieg kam der König auf diesen Gedanken zurück. Zwei Momente wurden entscheidend: Erstens die bereits angesprochene Versorgung von altgedienten, verdienten Soldaten und zum zweiten die »innere Kolonisation«, der Ausbau des Landes. Vor dem Oranienburger Tor dehnte sich eine unbebaute, von wenigen Wiesen durchsetzte, weite Sandfläche aus. Sie war nach dem Abholzen des Waldes im Norden Berlins für die Versorgung der Stadt mit Brennmaterial durch die Jahrhunderte entstanden. Wir besitzen aus der Feder des damaligen Stadtkommandanten von Berlin, Generalleutnant von Haake (Hackescher Markt) eine Beschreibung: *»Dieses Land umher war völlig einer Wüste gleich. Niemand hatte Lust, der Kosten wegen es zu bebauen. Nach der Richtung des Windes entstand bald hier und bald da ein Hügel von Flugsand, so daß man zuweilen sogar über die Palisaden in die Stadt hineinreiten konnte.«*[33] Offiziell hieß der Landstrich die »Sandscholle«, inoffiziell im Volksmund die »Sahara«.

Am 10. Dezember 1746 besichtigte Friedrich II. diese Gegend, und dabei wurde die Frage erörtert, an welcher Stelle das beabsichtigte Invalidenhaus errichtet werden könnte. Am 19. Dezember folgte die Ordre an die Kurmärkische Kriegs- und Domänenkammer, in der es hieß: *»Nachdem Seine Königliche Majestät resolviret haben, ein Invalidenhaus allhier auf Dero eigene Kosten zwar vor dem Thor in der Gegend des Charitéhauses auf dem Platz, den Sie dem Generalmajor von Haake dazu angewiesen haben, erbauen zu lassen, so übersenden Höchstdieselben hierbei an die Kurmärkische Kriegs- und Domänenkammer den gefertigten Anschlag von dem zum Bau dieses Invalidenhauses erforderlichen Holz- und Baumaterial, mit dem Befehl, sowohl das erforderliche Bauholz als die übrigen specificierten Materialien anzuschaffen und gehörigen Ortes abliefern zu lassen. Was das Bauholz anbetrifft, so muß dasselbe in diesem Winter bald möglichst gefällt und an das Wasser geschafft werden, damit es im kommenden Frühjahr zu Wasser nach der Baustelle transportiert werden kann. Der Hauer- und Anfuhrlohn und was sonst noch für nöthige Ausgaben sich finden möchten, hat die Kriegs- und Domänenkammer vor der Hand aus der Forstkasse vorschußweise zu nehmen und darüber Rechnung führen zu lassen, da Seine Königliche Majestät diesen Vorschuß der Forstkammer im kommenden Monat März durch den Generalmajor von Haake bar ersetzen lassen wird.*

Da wegen dieses Baues der Schönhauser Graben bis zur Baustelle aufgeräumt werden muß, damit die Baumaterialien zu Wasser bis zur Baustelle transportiert werden können, – auch der Kalck zum Bau in Zeiten gelöscht werden muß, – so wollen Seine Majestät, daß die Kriegs- und Domänenkammer zu diesen Ausgaben noch einen Vorschuß von 4 000 Thaler aus der Forstkasse nehmen und dem General v. Haake auszahlen soll, der mit der Aufräumung des Grabens etc. committiert worden ist. Auch diesen Vorschuß werden Seine Majestät im März ersetzen lassen.«[34]

Am 19. Dezember folgte die Weisung Friedrich II.: *»Da ich gesonnen bin, zu Berlin ein neues Invalidenhaus im nächstkommenden Jahr erbauen zu lassen, auch zugleich resolvieret habe, daß der zu Magdeburg befindliche Ingenieur-Capitän Petri die Aufsicht über diesen Bau, unter der Direction des Generalmajor von Haake, haben soll, so befehle Ich hierdurch, daß, sobald der General Graf v. Haake es verlangen wird, Sie den Capitän Petri beordern sollen, sogleich nach Berlin zu gehen und die weiteren Orders des Grafen zu empfangen. Zu seiner Reise hierher accordiere Ich dem Capitän Petri den beifolgenden Paß.«*[35]

Mannigfaltige Aktivitäten folgten. Der Schönhauser Graben, westlich hinter dem Invalidenhaus und dem Friedhof gelegen (heute nach Veränderungen als Spandauer Schiffahrtskanal bezeichnet – d.A.) wurde vertieft und verbreitert, ein kleiner Hafen entstand. Eine Brücke, die heute noch Sandkrugbrücke heißt, erhielt eine Klappe, um die Schiffe durchzulassen. Die Kosten für diese Bauarbeiten betrugen 1 700 Taler. Am 24. April 1747 meldete Haake: *»Euer Königlichen Majestät melde ich hierdurch unterthänigst, daß sowohl der*

Früheste bekannte Abbildung des Invalidenhauses.
Blick von Osten auf den Hauptbau und die beiden Flügel, links und rechts des Querbaus
die beiden Kirchen. An den Seiten die niedrigen Wirtschaftsgebäude.
(Gartendenk.)

Canal nach dem Invalidenhause, als auch das Bassin, worin die Schiffe anlegen, nunmehr völlig fertig ist, so daß die Baumaterialien zu Wasser bis nach dem Bauplatz gebracht werden können. Es haben auch bereits 10 große Schiffe, wie in Spree und Havel gebräuchlich sind, mit Kalcksteinen darin angelegt. Da nun am zukünftigen Monat der Anfang gemacht werden soll, das Fundament zu mauern, so habe ich Euer Majestät unterthänigst bitten wollen, den Castellan Baumann auf einen Tag gnädigst hierher zu schicken, damit derselbe vorher noch Alles in Augenschein nehmen könne.«[36]

Haake sprach hier die Vorbereitung der Grundsteinlegung an, der Bauplan lag dem König vor, und der »Castellan« Baumann – es handelte sich um den Architekten Johann Boumann d.Ä., der zu diesem Zeitpunkt die Leitung des Umbaus des Potsdamer Stadtschlosses inne hatte – gab seine Zustimmung. Am 2. Mai 1747 erfolgte die feierliche Grundsteinlegung durch den Grafen von Haacke. Angemerkt werden muß eine interessante Tatsache, die auf das Baugeschehen in Berlin und Potsdam hinweist und das Invalidenhaus in den Zusammenhang mit dem Landesausbau stellt. Am 1. Mai bezog Friedrich II. das Schloß in Sanssouci, am 30. Mai und 25. August inspizierte der König die Baustelle des Invalidenhauses. Am 8. Oktober 1747 erfolgte die Grundsteinlegung zu der neuen Domkirche im Lustgarten, deren Bau der erwähnte Boumann vorstand. Das Invalidenhaus stand also in einer Kette von herausragenden Bauten dieser Jahre, die die Stellung Friedrich II. nach seinem Sieg über Österreich im 2. Schlesischen Krieg dokumentieren sollten, zugleich aber den Zusammenhang zwischen Staat, Kirche und der sozialen Seite der preußischen Staatsidee dokumentierte. Verwiesen werden muß zugleich auf die Tatsache, daß in diesen Jahren eine zwar nicht systematische, aber doch initiierte Besiedlung südlich des

Invalidenhauses begann, die dann wesentlich in die hier zur Behandlung stehenden Fragen eingriff.

Der Bau des Invalidenhauses vollzog sich rasch. Bereits im Oktober 1748 war es in wesentlichen Teilen fertiggestellt. Friedrich II. hatte dafür 121 000 Taler angewiesen, verbraucht wurden 119 661 Taler, 16 Groschen und 6 Pfennige. Den verbleibenden Rest übertrug der König dem Invalidenhaus. Am 31. August 1748 folgte die *»Instruction vor den Kommandanten des Invalidenhauses betreffend«.*[37] Das Dokument ist in mehrfacher Hinsicht bemerkenswert, denn es gibt u.a. einen genauen Einblick in die vorgesehene Struktur des Invalidenhauses. Ihm hatte ein »Commandant« vorzustehen, unter dem 3 »Capitains«, 6 »Leutnants« und »3 Fähnriche« den Befehl über »30 Unter-Officiere, worunter 3 Feldweibels, 560 Gemeine, worunter 6 Tambours« standen. Ferner gehörten zum Invalidenhaus *»2 Priester, als 1 Luther.: 1 Cathol., 1 Chirurgius mit 4 Gesellen, 1 Cassierer, welcher zugleich Auditeur«* ist sowie weitere 21 Personen als Knechte und Mägde.

Die »Instruction« legte den inneren Betrieb des Invalidenhauses fest. Sie bestimmte den Einkauf von Lebensmitteln, aber auch, wie das Brot gebacken, das Bier gebraut und Branntwein gebrannt werden sollte sowie, daß das Invalidenhaus eine Selbstversorgungswirtschaft aufzubauen hatte. Das Dokument enthält Hinweise auf den uns interessierenden Friedhof. Es heißt unter Punkt 19) *»Es sind 2 Kirchen, Eine Evangelische und Eine Katholische. Zur Evangelischen wird ein Priester gehalten, welcher ausser der hiesigen Wohnung und Holtz Monatlich 10 Rhtlr. bekömt. Selbiger soll des Sonntags 2 mahl predigen, die übrigen Tage aber einmahl Beth Stunde halten ... Der Commandant soll von jeder Religion einen Unter-Officier oder Gemeinen aussuchen, welcher beym Gottes Dienste vorsingt, die Kirche rein hält,...Der Catholische Geistliche ist der ordinaire Feldt-Prediger, welcher Wohnung und Holtz bekömt, im übrigen aber schon bezahlt ist ...«*

Eine weitere Ordre vom 23. September 1748 für den ersten Commandanten, Oberst v. Freylitzsch, schrieb minutiös die Verhaltensregeln vor.[38] Über die Regelung der religiösen Verhältnisse heißt es dort: *»Soviel die Bestallung des lutherischen Predigers anlanget, das will Ich auf Eure choix und Besorgung aussetzen. Zum katholischen Prediger aber habt Ihr einen von den Caplans, welche Ich dem Pater Forck schon bezahlen lasse auszusuchen und einen guten, ruhigen und stillen Menschen dazu zu nehmen.«* Dieses Verfahren war der Tatsache geschuldet, daß sich die preußische Armee aus allen deutschen Landesteilen und auch aus zahlreichen europäischen Staaten rekrutierte. Auf eine Zugehörigkeit zu einer bestimmten Religionsgemeinschaft wurde dabei kein Wert gelegt, jeder konnte unabhängig von dem religiösen Bekenntnis in dieser Armee dienen. Das wiederum zwang den König, diesen Umstand bei der Behandlung der Invaliden zu berücksichtigen.

Das muß als Ausdruck der praktizierten Toleranz in Preußen verstanden werden. Allerdings sei darauf aufmerksam gemacht, daß es eine Toleranz aus Zweckmäßigkeits- und Verstandesgründen war, die Staatsdoktrin und deren Einhaltung wurden dagegen streng kontrolliert. Die zwei Kirchen im Invalidenhaus wurden im November des Jahres 1748 ihrer Bestimmung übergeben. Am 15. November zogen die Invaliden in ihr Haus. Dieses Datum gilt als das Stiftungsdatum. Es waren 522 Mann einschließlich der Unteroffiziere, zur etatsmäßigen Stärke fehlten noch 78 Mann. Unter den 522 Mann waren 126 »Beweibte«, d.h. verheiratete Soldaten, von denen wir annehmen können, daß sie auch Kinder hatten. Es handelte sich um Invaliden der I. Klasse, d.h. um Personen *»so sich nicht helfen können, deshalb 2 Thaler monatlich«* erhielten.

Friedrich II. übereignete dem Invalidenhaus eine große Fläche Landbesitz, die insgsamt 528 Morgen (1 Morgen = 180 Quadratruten = 2553,23 Quadratmeter) und 17 Quadratruthen (1 Quadratrute = 14,185 Quadratmeter) einnahm. Er reichte vom Schönhauser Graben im Westen bis zum Hamburger Tor im Osten (heute Gartenstraße). Im Süden bildete der Palisadenzaun der Stadtmauer die Grenze, im Norden der Schönhauser Graben, der nach Osten einknickte. Das resultierte aus der Absicht, diesen Landstrich durch die Invaliden kultivieren zu lassen, um das Haus in der Versorgung wirtschaftlich selbständig zu stellen und als Teil der »inneren Kolonisation« Preußens zu behandeln. Zu dem Haus gehörte auch eine Windmühle.

Zusammenfassend kann über die Gründung des Invalidenhauses gesagt werden, daß es sich um eine soziale Einrichtung militärischen Charakters zur Versorgung alt- und treugedienter Soldaten handelte, die ihr Leben eingesetzt und dabei die Gesundheit eingebüßt hatten. In diesem Haus konnten sie gesichert ihren Lebensabend verbringen. Es war also eine soziale Errungenschaft, die das Betteln der Kriegsinvaliden unterbinden sollte sowie insbesondere die Versorgung treuer Staatsdiener bezweckte. Modern ausgedrückt handelte es sich bei diesem Haus um ein militärisches Seniorenheim, wobei auf den sozialen Stand Bezug genommen werden muß. Die Invaliden waren nicht nur in ihrer Gesundheit getroffen, sondern sie verfügten über keinerlei Vermögen oder Rücklagen. Die Wertung eines militärischen Armenhauses erscheint also nicht abwegig.

Ein Oberst von Retzow meldete am 16. November 1748 dem König: Die im Invalidenhause Untergebrachten seien *»sehr wohl zufrieden und anerkennen die ihnen von Seiner Majestät erzeigte und mehr als väterliche Liebe und Vorsorge mit größtem Danke, wovon solche in Wort und Tat ungeheuchelte Beweise gegeben haben.«*[39] Am 18. November erwiderte der König: *»Ich bin persuadiret, daß wenn der dazu gehörige Garten, Acker und dergleichen erst in gehörige Cultur gebracht, auch die übrigen Arrangements in Ordnung gesetzet sein werden, alsdann die darin befindlichen Invaliden Meine guten Absichten noch besser als jetzo erkennen werden. Was endlich Mich betrifft, so wird dieses Bataillon wohl das einzige von der ganzen Armee sein, über welches Ich Mich alsdann freuen werden, wenn es niemalen wird complett werden können.«*[40]

Angemerkt werden muß die Entwicklung am Alexanderplatz, auf dem Geländes des ehemaligen Invalidenkruges und der Invalidenfreiheit. Am 8. Oktober 1765 wurde der Invalidenkrug versteigert. Für 12 600 Taler, die der Invalidenkasse zugeführt wurden, übergab das Generaldirektorium das Grundstück an den Berliner Bürger und Gastwirt Johann Gottfried Klaeger, der der bisherige Pächter gewesen war.[41] Ebenso wie für die Häuser auf der Invalidenfreiheit blieben die besonderen Schutzprivilegien erhalten. Diese waren:

»1) die Freyheit von allen Bürgerlichen Lasten, als sie Einquartierung und Servis so wie die Invaliden Casse solches bisher gehabt hat.

2) die Freyheit

3) reisende und besonderes die Viehhändler mit allerhand Vieh aufzunehmen,

4) das Recht von deren unter den Invaliden Krug erbauten Schlächter Scheunen, den Sub Canonem von den Besitzern mit 54 Rhltr. zu erheben, von welchen 54 Rhltr. aber den Käufern der hiesigen Magistrats Cammerey 13 Rhltr., 16 Groschen jährlich entrichten muß.

5) das Recht die Grundzinßen von denen auf der Invaliden Freyheit erbauten Häusern und deren jetzigen und künftigen Besitzerns mit 41 Rhltr., 6 Groschen jährlich zu erheben ...«[42]

Die folgende Aufstellung nennt immerhin sechs Besitzer von Häusern auf der Invaliden-Freiheit, die nun aus der Verpflichtung gegenüber dem Invalidenhaus entlassen wurden, gleichzeitig aber ihre bisherigen Privilegien behielten.

Das Invalidenhaus 1749 bis 1937

Es zeigte sich bald, daß der Gedanke der landwirtschaftlichen Selbstversorgung der Invaliden nicht glücklich war. Einerseits konnten sie nur unter großen Mühen bei ihrer eingeschränkten Gesundheit die notwendige Arbeit beim Kultivieren des Bodens leisten und zum anderen stellte sich aus ähnlichen Gründen die Bearbeitung als äußert beschwerlich dar. Dieser Tatsache mußte – auch aus Kostengründen – entsprochen werden. Eine Instruktion des Kriegsministers v. Wedell vom 10. September 1769 stellte das gesamte Versorgungssystem des Invalidenhauses auf eine andere Stufe. Im § 40 hieß es:

»Indessen leidet die Wirtschaft des Hauses darin eine Änderung, daß nach Seiner Königlichen Majestät Befehl solche nicht ferner administriert, sondern allen dem Hause zuständigen Pertinenzien vom October dieses Jahres an ein Generalpacht gegeben werden soll. Der abgeschlossene Concrat mit den dabei gemachten conditions wird demnächst dem Commandanten bekannt gemacht werden.«

Der erste Pächter war das Mitglied der Französischen Gemeinde Eli Jounin, der einen großen Teil des Geländes auf neun Jahre (also bis 1779) für 4 150 Taler übernahm.[43] Jounin war Pächter auf Zeit, da-

Treppenaufgang im Invalidenhaus, um 1935
(MB)

neben begann der Gedanke der Erbpacht Raum zu greifen. Das begann mit der Verteilung von zehn Landstücken jenseits der Hamburger Straße an zehn Gärtnerfamilien aus dem Reich. Sie erhielten das Recht des freien Verkaufs der Grundstücke, sie und die möglichen neuen Besitzer mußten Grundzins an das Invalidenhaus zahlen.

Im Jahre 1772 begann eine neue Entwicklung. Zunächst wurden die entferntesten Gebiete am Hamburger Tor verpachtet. Sie lagen in der Nähe der in diesen Jahren entstehenden Kolonie Neu-Voigtland. Möglicherweise war zunächst daran gedacht, 100 böhmische Kolonisten auf dem zum Invalidenhaus gehörenden Land anzusiedeln. Das zerschlug sich, aber beginnend mit diesem Jahr gingen Landstücke in Erbpacht, d.h. das Land wurde gegen eine gewisse Summe verpachtet, und die Pacht kam dem Invalidenhaus zugute.

Für das Jahr 1772 sind die ersten Verpachtungen nachweisbar. So hält das Grundbuch des Invalidenhauses fest: »Verpachtete Ländereien – im Jahre 1772 – an der rechten Seite der Gartenstraße vor dem Hamburger Thor« sind vier Morgen und dreißigeinhalb Quadratruthen an einen gewissen Heybach für 2 Taler, 7 Groschen und 8 Pfennige jährlich in Erbpacht gegeben worden.[44] Dem folgten weitere neun Verpachtungen im selben Jahr und am selben Ort. 1777 folgte eine Verpachtung von drei Morgen Acker »Links an der Oranienburger Chaussee« für die Anlage eines Katholischen Kirchhofs und 1788 eine weitere für den Französischen Kirchhof, der heute noch besteht. Im selben Jahr pachtete der Scharfrichter Brandt ein Gelände-

Ansicht des Invalidenhauses von Westen.
Deutlich erkennbar die beiden Kirchen links und rechts. (LaBi)

stück von 2 Morgen um die Scharfrichterei. Die befand sich in der Invalidenstraße. Das Land ist bis heute nicht bebaut und liegt direkt vor dem Postamt am ehemaligen Stettiner Bahnhof, heute Nordbahnhof.[45]

Dieses Vorgehen hatte über Jahrzehnte einschneidende Folgen. Zunächst entstand am Oranienburger Tor ein neuer Friedhof für die katholische Gemeinde von Berlin, auf dem aber nun nicht die verstorbenen Invaliden katholischen Glaubens beigesetzt wurden. Sie wurden bis weit in das 19. Jahrhundert weiterhin auf dem Friedhof des Invalidenhauses beigesetzt. Der neue, katholische Friedhof verschwand später wieder, zwei weitere, der für die Französische und für die Dorotheenstädtische Gemeinde, bestehen heute noch. Wichtiger aber wurde die Tatsache, daß die sich hier niederlassenden Gärtner, Arbeitsleute und später auch Manufakturies und Fabrikanten kirchlich zur Invalidenhausgemeinde gezählt wurden. Es gab keine andere Möglichkeit, denn das Gelände lag außerhalb der Stadt, nur diese Kirche stand zur Verfügung, und die Pächter hatten ihren Wohnsitz auf dem Land, das dem Invalidenhaus gehörte. Wenn es auch im Laufe der Jahrzehnte gewisse Verschiebungen in den Gemeindegrenzen gab, an der grundsätzlichen Festlegung änderte sich zunächst nichts.

Zu den Personen, die sich hier ansiedelten, zählten einige, die für die Berliner Stadtgeschichte nicht ohne Bedeutung waren: so der Generalpächter Eli Jounin und dann sein Nachfolger Grützmacher, der Gärtner Gustine, der Fabrikant Moll, der Fabrikant Schulze, der Fabrikant Loebes usw.; Fabrikant als Berufsbezeichnung wäre unter heutigen Begriffen zu hoch gegriffen,

Grabdenkmal für den General der Infanterie v. Rohdich, Aufnahme 1983/84. (LD)

Grabstelle des Pioniers der Berliner Industrieentwicklung Friedrich Wöhlert, Zustand 1940/41. (LA)

es handelte sich z.B. um Seidenwarenhersteller, die sich in kleinen Produktionsstätten mit der Seidenherstellung befaßten, wobei sie auf die Seidenraupenzucht der nahe gelegenen Maulbeerplantagen zurückgriffen.

Der Vorgang der Verpachtung des Invalidenhausgeländes ist nur schwer zu rekonstruieren. Das ist bedauerlich, denn dadurch bleibt die Entwicklung eines wichtigen Berliner Stadtgebietes verschwommen. Nur aus Bruchstücken läßt sich der Vorgang rekonstruieren. Über die Verpachtung des Geländes führte das Invalidenhaus Akten, die in einem Grundbuch »Invalidenhausparzellen« zusammengefaßt waren. Besagtes Grundbuch ist verloren gegangen oder verschollen. Lediglich eine kurzgefaßte Übersicht hat sich ermitteln lassen. Die Akten zu den einzelnen Parzellen sind im wesentlichen erhalten geblieben, aber dezentralisiert, da nach Ablösung dieser Verpachtung ein Teil der Akten zu den neu gebildeten Grundstücken kam und dort weitergeführt wurde, der andere Teil aber keine Zuordnung erhielt.

Das wenige, das ermittelt werden konnte, läßt aber Aussagen über den Vorgang zu. So wandte sich ein Johann Gottfried Claus am 27. September 1794 an den Kriegsminister Rohdich, um *»Sechs Morgen Invaliden Haus Acker zur Erbauung eines Wohnhauses und den dazu nöthigen Anlagen in Erbpacht«* zu erhalten und *»er alle ihm dabei zu machenden Bedingungen zu erfüllen«* bereit ist.[46] Der Kriegsminister Rohdich war es, der

Gesamtansicht des Invalidenhauses, Blick von der Invalidensäule. Aufnahme um 1898. (LaBi)

Eingang des Invalidenhauses, Blick von der Scharnhorststraße. Aufnahme um 1898. (LaBi)

Evangelische Kapelle des Invalidenhauses,
geschmückt zur 150-Jahr-Feier des Invalidenhauses 1898. (BA)

diese Umwandlung des Eigentums des Invalidenhauses verantwortlich leitete; er fand seine Ruhestätte auf dem Invalidenfriedhof.

Je mehr die Stadt Berlin sich ausdehnte, um so größer wurde der zivile Teil der Invalidenhausgemeinde. Das Gelände wurde nach und nach immer dichter besiedelt. Den Verpachtungen folgte der Verkauf von einst dem Invalidenhaus gehörenden Geländestücken. Das menschenleere Gebiet bevölkerte sich, Straßen, Häuser und kleine Gewerbeeinrichtungen entstanden. Insbesondere mit der Entwicklung des Fabrikwesens in Preußen und dann vor allem in der industriellen Revolution entstand auf dem Gelände des Invalidenhauses das Berliner Maschinenbauviertel, umgangssprachlich »Feuerland« genannt. Hier wurden insbesondere in der Chausseestraße Lokomotiven und Eisenbahnwaggons gebaut. Die in diesen Gewerbestätten arbeitenden Personen wohnten hier ebenso wie die Fabrikanten. Ein großer Teil von ihnen gehörte zur Gemeinde des Invalidenhauses.

Besondere Bedeutung erlangte in den folgenden Jahren der Fabrikant Friedrich Wöhlert, der in der Nähe des Invalidenhauses eine Maschinenbauanstalt unterhielt. Die Wöhlertstraße, Nebenstraße der Chausseestraße, erinnert noch heute an ihn. Er wurde auf dem Invalidenfriedhof beigesetzt. Ebenso der Leiter des Baus der Eisenbahn von Berlin nach Hamburg, Friedrich Neuhaus, sowie David von Kraewel, der als Offizier in den Kriegen 1813/15 teilnahm und sich später besondere Verdienste um den Bau der Eisenbahn nach Frankfurt an der Oder und dann Breslau erwarb. Gerade in seiner Person zeigte sich die Rolle des Militärs als Teil der Berliner Stadtgeschichte und die Bedeutung, die einzelne von ihnen in der ersten Hälfte des 19. Jahrhunderts auch für die Industrialisierung Berlins und Preußens hatten. Andere auf dem Gelände des Invalidenhauses entstehende Manufakturen wie die von Franz Anton Egells, August Borsig, Pflug & Zoller und Schwartzkopff waren von weitaus größerer Relevanz, ihre Besitzer sind aber an anderen Orten beigesetzt worden. Das ehemalige Berliner Maschinenbauviertel entstand auf dem Gelände, das einst zum Invalidenhaus gehörte.

Eine weitere Veränderung erfuhr das Gelände rund um das Invalidenhaus am Übergang zum 20. Jahrhundert. Das Gelände war nun vollständig besiedelt, hatte an Wert gewonnen und stand für eine erweiterte Nutzung zur Verfügung. Am 26. Oktober 1886 erfolgte die Übergabe des Invalidenparks an die Stadtgemeinde Berlin, da die Unterhaltung dieses Raumes dem Invalidenhaus zu hohe Kosten verursachte und die »wenig wohlhabende, kinderreiche Bevölkerung dieser Gegend« dringend einen Erholungspark benötigte. Im Jahre 1898 wurde das 150jährige Jubiläum des Invalidenhauses begangen. Der damalige Kommandeur stellte fest, daß bis 1898 273 Offiziere und 8 517 Unteroffiziere und Soldaten Unterkunft im Invalidenhaus gefunden hatten.[47]

Der Grabstein des Kommandanten des Invalidenhauses Oberst Michael Diezelsky; Zustand 1984. Die Reste des Steins sind gesichert. (LD)

Einschneidend für die Nutzung des Geländes und des Invalidenhauses und die Regelung kirchenrecht-

Das Offizierskasino im Invalidenhaus, um 1897

*Portal des Invalidenhauses,
Blick vom Spandauer Schiffahrtskanal.
Aufnahme 1928. (BA)*

licher Fragen wurde der Bau der im Zweiten Weltkrieg zerstörten und dann 1967 abgetragenen Gnadenkirche im Invalidenpark. 1865, nach der ersten Abtrennung von Gemeindemitgliedern, die zur neugebildeten St. Johanniskirche kamen, beginnen Bemühungen zum »Bau einer neuen geräumigen Kirche«. Auf eine Anfrage des Konsistoriums der Evangelischen Kirche Berlin-Brandenburg, um ein Gelände zum Bau der Kirche zu erhalten, antwortete der Kommandant des Invalidenhauses am 3. März: *»Die folgende Frage, betreffend einen Platz zu dereinstigen Erbauung einer neuen Kirche für die Civil-Parochie dieser Gegend muß ich dahin ergebenst beantworten, daß von der Hergabe Seitens des Invalidenhauses des sogenannten Neuen Parks zu dem Zweck, sei es gegen Entschädigung oder unentgeltlich, nicht die Rede sein kann; derselbe möchte nach diesseitiger Auffassung dazu auch wohl nicht geeignet sein, weil er einerseits am äußersten Ende der Parochie, anderer*

Das Invalidenhaus, Blick auf den linken Seitenflügel. Aufnahme um 1920. (LaBi)

Seits wegen der Verbindungs-Eisenbahn und des Hamburger Eisenbahnhofs in Mitten der größten Frequenz gelegen ist. Ob von den anderen in diesem Stadttheile befindlichen, dem Militärfiscus gehörigen Territorien, ein zu dem in Rede stehenden Zwecke geeigneter Platz zu finden sein dürfte, vermag ich nicht zu beantworten. gez. Maliszewski«[48]

Damit wurde für den Augenblick zwar die Idee nicht weiter verfolgt, aber das Problem blieb und verschärfte sich weiter. Um 1880 zählte die Invalidenhaus-Zivilgemeinde – trotz mehrmaliger Teilungen bzw. Abtretungen von Bestandteilen – 26 000 Seelen, für die in gemeinsamer Nutzung mit der Militärgemeinde nur die kleine Kirche mit 570 Sitzplätzen zur Verfügung stand.

Durch den Bau der am 3. Januar 1884 eingeweihten Dankeskirche am Weddingplatz konnten 7 000 Gemeindemitglieder zu dieser neuen Gemeinde wechseln, aber die Zivilgemeinde hatte immer noch einen Umfang von 17 000 Mitgliedern. Die Gemeinde drängte auf einen eigenen Kirchenbau. Verschärft wurde das Problem der Nutzung der kleinen Kirche noch dadurch, daß die umliegenden Regimenter und militärischen Dienststellen ihren Gottesdienst ebenfalls in diesem kleinen Bau abhielten. Nach langwierigen Auseinandersetzungen und zähen Verhandlungen trat der Militärfiskus im Jahre 1890 ein Grundstück an der Invalidenstraße ab. Am 11. Juni erfolgte die Grundsteinlegung für diese neue Kirche, die vom Baurat Spitta entworfen worden war.

Mit diesem Schritt begann die endgültige Lostrennung der Zivilgemeinde vom Invalidenhaus, die am 1. September 1892 vollzogen wurde. Am 17. März 1895 hielt die Zivilgemeinde ihren letzten Gottesdienst in der Invalidenhauskirche. Fünf Tage später erfolgte die Einweihung des Kirchenneubaus, die zur Erinnerung an die Kaiserin Augusta den Namen Gnadenkirche erhielt. Damit entfiel jede weitere zivile Nutzung und nur noch die Garnison- und Invalidenhaus-Militärgemeinde hielten hier ihren Gottesdienst ab.

Eine wesentliche Erweiterung erfuhren die Baulichkeiten des Invalidenhauses an der Wende vom 19. zum 20. Jahrhundert. Die Unterkunftsmöglichkeiten des Altbaus, die Enge der Belegung und der allgemeine Standard auf dem Gebiet des Wohnungswesens erforderten eine andere Unterbringung der Invaliden als bisher. So entstanden Erweiterungsbauten des Invalidenhauses, die nun Wohnungen mit einer besseren Ausstattung enthielten. Zwischen dem Friedhof und dem Altbau wurde in den Jahren 1905 bis 1907 durch die Militärbaukommission ein Wohnhaus für Feldwebel, Unteroffiziere und Mannschaften errichtet. In der gleichen Zeit entstanden auf der gegenüberliegenden Straßenseite Wohnungen für Offiziere. Diese Bauten sind heute noch vorhanden und werden für Wohnzwecke genutzt, sind aber nicht mit der Geschichte des Invalidenhauses verbunden.

Das Invalidenhaus mußte immer mehr Gelände in der unmittelbaren Nachbarschaft abtreten. So im Jahre 1903 den südlich an das Invalidenhaus anschließenden Park, auf dem dann der Neubau der Kaiser-Wilhelm-Akademie für das militärärztliche Bildungswesen errichtet wurde. Ab 1920 als Dienstsitz des Reichsarbeitsministeriums genutzt, erfolgte 1936 die Rückgabe an das Militär. Nach der Behebung von leichteren Kriegszerstörungen erfolgte in der DDR-Zeit die Nutzung als Oberstes Gericht der DDR, und gegenwärtig wird das repräsentative Gebäude für die Zwecke der Bundesregierung bereitgehalten.

Die Niederlage des Deutschen Reiches im Ersten Weltkrieg hatte mannigfaltige Folgen für das Invalidenhaus und den dazugehörigen Friedhof. Der Versailler Friedensvertrag begrenzte die Stärke des Heeres und der Marine, und es war nicht mehr möglich, invalide Soldaten aus dem Haushalt des nunmehrigen Reichsheeres zu unterhalten. Das Berliner Invalidenhaus wurde wegen der reichen Landdotation aus dem Jahre 1748 und der Tatsache, daß es selbständige Rechtsgeschäfte abschließen konnte, nach 1918 als Stiftung angesehen und als »Stiftung Invalidenhaus« bezeichnet. Zweck der Stiftung war die Unterbringung invalider Soldaten, als Vergabe und Vermietung einer Wohnung an diesen Personenkreis. Einkommensgrenzen wurden festgelegt. So erhielten Familien mit einem monatlichen Einkommen von unter 300 RM freie Unterkunft, während Familien mit einem monatlichen Einkommen von über 850 RM den vollen Mietpreis bezahlen mußten. Eine Zweizimmerwohnung kostete 50 RM und eine Sechszimmerwohnung 145 RM im Monat.

Sonstige Kosten wie für Feuerung, Gas und Beleuchtung bestritten die Insassen nun selbst. Für nach 1919 fortgefallene Leistungen (Bedienung, freie ärztliche Behandlung) erhielten einige Insassen, die schon vor 1918 dem Invalidenhaus angehörten, als Ausgleich eine Geldentschädigung. Außerdem konnten die Insassen Freibetten im Augusta-Hospital Berlin in Anspruch nehmen, von denen der Stiftung für das dem Hospital eingeräumte Erbbaurecht 75 zur Verfügung standen. Zu den neuen Bedingungen gehörte auch, daß Leistungen nur Beschädigten zugute kamen, Witwen mußten satzungsgemäß drei Monate nach dem Tode des Partners die Wohnung räumen. Die beiden kleinen Kirchenbauten standen leer bzw. wurden nur selten – z.B. für Beisetzungen – genutzt. Die Militärgemeinde wurde aufgelöst.

Die Stiftung war durch Gewohnheitsrecht begründet. Bis 1918 waren die Insassen des Invalidenhauses Soldaten und bis 1920 unterstand die Stiftung dem Preußischen Kriegsministerium, dann dem Reichsarbeitsministerium und ab 1.10.1937 dem Reichskriegsministerium; zuletzt der Wehrmachtsfürsorge und Versorgungsabteilung im OKW. 1920 besaß die Stiftung 250 000 RM Kapitalvermögen sowie Grundbesitz in der Scharnhorst- und Kesselstraße. Am 1.10.1937 gehörten dazu das Grundstück Scharnhorststraße 33, die Häuser Kesselstraße 13a und 13b, der Invalidenfriedhof und das an die Gärtnerei Nehls verpachtete Gelände hinter der Gnadenkirche. Der Verkehrswert des Grundstücks Scharnhorststraße 33 – also das alte Invalidenhaus – wurde mit etwa 10 Mill. RM veranschlagt. Damit war das Notwendigste gegeben, aber große Bewegungen waren mit dem geringen Kapitalstock nicht möglich. Das Reichsarbeitsministerium mußte Zuschüsse für den Unterhalt geben. Sie wurden auf knapp 30 000 RM festgesetzt, hatten aber in der Inflationszeit wegen der Geldentwertung wenig Bedeutung. Als Einnahmequelle für den Unterhalt der Stiftung wurde der Invalidenfriedhof herangezogen, d.h. die Gebühren des zeitweisen Kaufs der Grabstellen und die Unterhaltszahlungen für die Pflegearbeiten mußten die Lücke im Stiftungsetat schließen.

Da nach 1936 das OKH zur Erweiterung der Militärärztlichen Akademie das Gelände des Invalidenhauses in der Scharnhorststraße benötigte, wurde der Stif-

Hauptportal des Invalidenhauses.
Aufnahme vom 9. Juni 1937.
(BA)

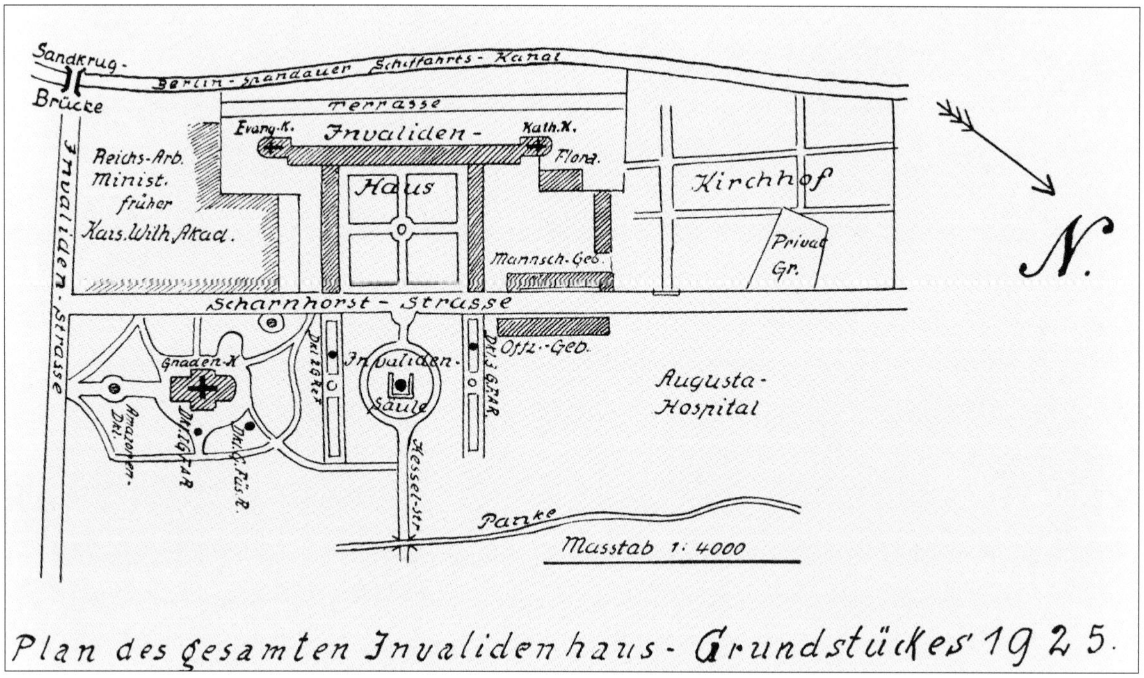

Skizze des gesamten Invalidenhaus-Grundstücks, 1925

tungsbesitz nach Frohnau verlegt. Der Rechtsvorgang war folgender: Fürst Henckel-Donnersmarck schenkte dem Reichsfiskus (Heer) ein etwa 24 ha großes Gelände südlich von Hohen Neuendorf. Der Reichsfiskus (Heer) übertrug das Eigentumsrecht an diesem Gelände auf die »Stiftung Invalidenhaus«, die ihrerseits als Äquivalent das Grundstück Scharnhorststraße 33 an das Reich abtrat. Wurde 1920 die rechtliche Verbindung des Invalidenhauses zum Militär gelöst, trat nun auch die räumliche Trennung zwischen der Stiftung und dem alten Sitz dieser Institution ein. Das hatte Folgen für den Invalidenfriedhof, der nun jeden Rest einer Verbindung zum Militär verlor. In das Invalidenhaus zog eine Einrichtung des Heeressanitätswesens, eine Schule zur Ausbildung von Unteroffizieren des Heeressanitätsdienstes. Die beiden Kirchen wurden zu Hörsälen umgebaut und die Baulichkeiten des Invalidenhauses für die Zwecke der Unterbringung von Soldaten hergerichtet und modernisiert. Der Invalidenfriedhof wurde der Hausverwaltung der Stiftung angeschlossen.

Nach Abtretung des Frohnauer Grundstücks war das OKH durch Erlaß Hitlers verpflichtet worden, auf dem Gelände nach Angaben der Stiftung eine Siedlung mit 150 Wohnungen von 2 bis 6 Zimmern, ein Gemeinschaftshaus mit Kantine, Frisörstube und sonstigen Aufenthaltsräumen, eine Werkstatt und zwei Garagen zu errichten sowie die gärtnerischen Anlagen zu gestalten und die Räume des Gemeinschaftshauses mit Mobiliar zu versehen. Die Bau- und Einrichtungkosten betrugen etwa 5 Mill. RM. Dem Reichsarbeitsministerium standen für den von ihm zu betreuenden Personenkreis 125 Wohnungen, dem OKW für die Beschäftigten der neuen Wehrmacht und fur Dienstwohnungen 25 Wohnungen zur Verfügung.

Das Vermögen der Stiftung reichte auch jetzt zur Erfüllung des Stiftungszwecks nicht aus. Die Stiftung erhielt deshalb aus dem Haushalt des OKW Zuschüsse bis zur Höhe des Unterschiedsbetrages. Sie wurden mit durchschnittlich 30 000 RM jährlich in Anspruch genommen. Dazu gehörten auch die Kosten für das Personal.[49] Auch jetzt blieb die Aufgabe, einen Teil der Kosten für den Unterhalt der Stiftung durch den Verkauf von Grabstellen auf dem Invalidenfriedhof aufzubringen.

II. Die »Zivilgemeinde« und die Gemeinde der Gnadenkirche

Der Zuzug von Zivilisten, die zunächst als Gärtner oder Seidenmanufakturisten auf dem Gelände des Invalidenhauses arbeiteten und lebten, schuf neue Bedingungen für die Gemeinde des Invalidenhauses, die nun einen zwar noch kleinen, aber ständig wachsenden neuen Bestandteil erhielt. Bereits im Jahre 1802 wurde nach Abhilfe gesucht, aber erst die Niederlage der preußischen Armee in der Schlacht von Jena und Auerstädt 1806, die zum Zusammenbruch des alten preußischen Staates führte, erzwang Schlußfolgerungen.

Die Tatsache, daß das Invalidenhaus Teil der preußischen Armee war, schuf nach dem Einzug der Franzosen in die Stadt komplizierte Verhältnisse; hinter einer zu etablierenden Zivilgemeinde versuchte man in dieser Zeit das Invalidenhaus zu »retten«. Das Kirchenbuch der Garnisonsgemeinde vermerkt zum Invalidenhaus: *»Vormals, bis zum für den Preußischen Staat so unglücklichen Jahre 1806, wurde die hiesige Gemeinschaft und Gemeine ... immer größer, da ... viele Personen bürgerlichen Standes, besonders aus den eximierten sich zu ihr hielten.«*[50] Weiter heißt es, daß ein Prediger nur für die entstehende Zivilgemeinde, die im Jahre 1806 zunächst nur 14 Familien zählte, bestellt wurde. Diese »Gemeine« hatte ihren Sitz im Invalidenhaus. Ein Erlaß des Oberkonsistoriums vom März 1806, im Namen des Königs publiziert, bestimmte *»ausdrücklich«* die Zugehörigkeit der Zivilgemeinde zur Parochie des Pfarramtes des Invalidenhauses. Es hieß im Paragraphen 2: *»Alle auf dem Grund und Boden des Invalidenhauses belegene Etablissiments gehören zur Parochie des Invalidenhauses«.* Der Paragraph 4 bestimmte: *»Es sind dies all diejenigen Etablissements, die westlich der Chausseestraße liegen.«* Die Bewohner des östlichen Geländes des Invalidenhauses gehörten von nun an zur Sophienkirche. Den Mitgliedern der Zivilgemeinde wurde kein Wahlrecht zur Anstellung eines Geistlichen zugestanden, und auch die Begräbnisgebühren waren allein von dem Invalidenhaus festzustellen. Der Militärfiskus blieb Patron der Invalidenhauskirche, die Angehörigen der Zivilgemeinde genossen nur Gastrecht und hatten keine Verpflichtung zum Erhalt des Kirchenbaus.

Die Aussagen, die aus den wenigen erhaltenen Akten über das Invalidenhaus und den Friedhof gewonnen werden können, sind gering. Verluste aus vergangenen Jahrhunderten sowie Vernichtung nach dem Zweiten Weltkrieg verhindern eine vollständige Aufarbeitung. So viel läßt sich aber feststellen, mit der Ansiedlung von Zivilpersonen auf dem Gelände des Invalidenhauses begann eine Auseinandersetzung darüber, in welche Gemeinde dieser Personenkreis einzupfarren war. Die Sophiengemeinde beanspruchte diesen Kreis für sich, der Kommandant des Invalidenhauses, Oberst von Valenti bestand aber darauf, daß sie zum Invalidenhaus gehörten. Er erhob am 14. Juni 1804 Einspruch gegen einen derartigen Schritt und verlangte, daß die Bewohner der auf dem Grund und Boden des Invalidenhauses gelegenen Etablissements dem Prediger des Hauses unterstellt blieben und weiterhin, daß auch die Bewohner der Häuser in der Nachbarschaft des Invalidenhauses und von Moabit hinzukommen sollten. Der Hintergrund dieses Protestes war die dadurch besser gegebene Einflußmöglichkeit auf diesen Personenkreis und die Einnahmen, die sie der Kirche brachten. Der Einspruch des Oberst von Valenti wurde vom Oberkonsistorium angenommen, und in dem am 1. Mai 1806 erlassenen Reglement über die Einpfarrung des Weddings und mehrerer Etablissements vor dem Oranienburger Tor wurde bestimmt, daß alle auf dem Grund und Boden des Invalidenhauses gelegenen Wohngebäude zur Parochie der Kirche des Invalidenhauses gehören sollen.[51] Damit trat zur Militärgemeinde des Invalidenhauses eine zweite, die »Invalidenhaus-Civilgemeinde«.

Klarheit über verschiedene Vorgänge um das Invalidenhaus vor allem aber über den Invalidenfriedhof ergibt die Aussage über die Höhe der Einkünfte des Predigers am Invalidenhaus. Dieser erhielt:

A. vom Invalidenhause: Fixum 180 Taler, 30 Taler Acise-Vergütung = zusammen 216.

B. 181 Taler Fixum von der Zivilgemeinde. Zusammen mit den weiteren Einnahmen aus den Gebühren für Taufen, Heiraten und Beerdigungen stiegen die Einnahmen auf insgesamt 817 Taler, von denen dem Pfarrer 794 blieben.[52] Diese zusätzlichen Einnahmen mußten von den Angehörigen der Zivilgemeinde erbracht werden, denn die Angehörigen der Militärgemeinde waren zum Teil von den Gebühren befreit bzw. zahlten niedrigere Gebühren.

Das »Königlich-Preußische Militair-Kirchen-Reglement« vom 28. März 1811 bestimmte für Berlin: *»Zu der Gemeine der drei Garnisonsprediger in Berlin, Königsberg und Breslau, gehören außer der ihnen angewiesenen Abtheilung der Artillerie und der Pionier-Compagnie, alle noch in Actitvität stehenden, oder noch nicht verabschiedeten Officiere und Soldaten mit ihren Familien; ingleichen die auf halben Sold stehenden, oder auf Wartegeld gesetzten Officiere, so wie die beurlaubten Soldaten, die sich an diesen Orten aufhalten, und nicht Mitglieder einer anderen Militairgemeinde sind; ferner der dort garnisonierende Theil von dem Personale des Kriegs-Commissariats, der Train-Depots, und des militärisch-chirurgischen Stabes. Der bei den Truppen commandierte Theil dieses Personals, sowie der im Felde befindliche, gehört zur Gemeinde des betreffenden Feldpredigers, der in den Festungen sich aufhaltende Theil aber zu der Gemeine des Festungs-Predigers.«*[53] Weder das Invalidenhaus noch der Invalidenfriedhof werden in diesem Reglement erwähnt bzw. als Teil der Garnison gezählt. Das Konsistorium der Evangelischen Gemeinde übte sehr starken Einfluß auf sie aus.

Damit war für die Gemeinde des Invalidenhauses innerhalb der Militärseelsorge eine Besonderheit festgeschrieben, die Insassen des Invalidenhauses unterstanden nicht dem Garnisonsprediger, blieben aber eine Militärgemeinde sui generis. Am 2. Mai folgte die Verordnung der Trennung der Kustereien der Tochter- bzw. Filialkirchen von den Mutterkirchen[54], die befolgt wurde. Die evangelische Kirche des Invalidenhauses besaß nur geringe Selbständigkeit, sie war eine Militärgemeinde. Die »Königlich Preußische Militär-Kirchen-Ordnung« vom 12. Februar 1832 bestimmte über diese:

»§ 34. Zu den Militärgemeinden gehören:

1) Sämtliche im aktiven Dienst befindliche Offiziere, Unteroffiziere und Soldaten;

2) die Inaktivitätsgehalt, Wartegeld oder Pension entlassenen Offiziere; so lange sie den Militairgerichtsstand behalten;

3) alle Militairbeamte und Militairhandwerker, welche ihrer Bestimmung nach, den Truppen ins Feld und beim Garnisonswechsel folgen müssen;

4) die Festungsbeamte und die in den Festungen angestellten Militair-Oekonomie-Beamten;

5) die Zeughaus-Beamten, sowohl in Festungen, als in offenen Städten;

6) die Militair-Lazarethbeamten;

7) die Militair-Kirchendiener und Garnisons-Schullehrer;

8) die Frauen sämtlicher unter 1 bis 7 genannten Personen, und ihre Kinder, so lange letztere sich im väterlichen Hause befinden.«[55]

Am 29. Juni 1833 folgte die erneute Bestätigung. Die vor den Toren Berlins liegenden Kirchengemeinden erhielten erstmalig feste Grenzen ihrer Parochie. Für die Gemeinde des Invalidenhauses wurden folgende Grenzen festgelegt und zugleich die Zahl der Einwohner in diesem Gebiet festgehalten:

»Chaussee-Straße	2 148	Seelen
Chaussee-Haus	5	"
Fenn-Straße	0	"
Heide-Straße	120	"
Invalidenhaus	81	"
Invaliden-Straße	320	"

Invaliden-Wachthor	37	"
Invaliden-Mühle	9	"
Müller-Straße	50	"
Kirsch-Allee	251	"
Seller-Straße	60	"
Summe	3081	"
Nichtevangelische	28	" «[56]

Hinzugesetzt wurde die Bemerkung. Es sind »... *zur Eintheilung vorstädtischer Parochien aber überall nur Civil-Einwohner gerechnet, die Zahl der in den Parochien ansäßigen Militäreinwohner kann nicht bestimmt angegeben werden, und es bleibt daher bei der Invalidenhaus-Parochie zu dem angegebenen Civil-Parochoeum noch hinzuziehenden Summe der Militär-Personen noch zu ermitteln.*«[57] Damit waren die Festlegungen des Jahres 1804 erneut festgeschrieben.

Eine Königliche Kabinetts-Ordre vom 10. März 1835 wiederholte dies. Sie regelte im Zusammenhang mit den im Norden entstehenden Vorstadtkirchen die kirchlichen Verhältnisse in diesem Teil Berlins und teilte das bisherige Gebiet der Sophiengemeinde, erhielt aber auch Festlegungen zu der Invalidenhauskirche. Der Königlichen Ordre folgte am 15. April ein Parochialregulierungsreglement des Königlichen Konsistoriums der Provinz Brandenburg: *»Durch die Gnade und huldreiche Fürsorge Sr. Majestät des Königs sind, um den vorstädtischen Mitgliedern der hiesigen Sophiengemeinde, nach eingeleiteter Trennung von der Sophienkirche, so wie den übrigen Bewohnern der nachgenannten Bezirke eine erleichterte und erhöhte Theilnahme an dem öffentlichen Gottesdienste zu verschaffen, vor den nördlichen Thoren hiesiger Residenz Vier neue Kirchen erbaut, mit den erforderlichen Kirchengeräthen und Utensilien ausgestattet und die Fonds zur Besoldung der bei diesen Kirchen anzustellenden Geistlichen und Kirchenbedienten bewilligt.«*[58] Ausführlich werden die neuen Grenzen der Kirchengemeinden St. Elisabeth, St. Paul, Nazareth und St. Johannis beschrieben.

Das Dokument enthält aber auch Regelungen für das Invalidenhaus, für dessen Kirche folgendes Parochiegebiet angewiesen wurde: Torstraße und die westliche Seite der Garten- und Gerichtsstraße, die Reinickendorferstraße bis zur Müllerstraße und deren rechte Seite, die Südseite der Fennstraße bis zum Ufer des Fenngrabens (heute Spandauer Schiffahrtskanal). Die Grenze lief dann am Rande dieses Kanals bis zum Unterbaum und entlang der Stadtmauer bis zum Oranienburger Tor. »Jedoch bleibt«, so heißt es in dem Dokument, »der Charité-Garten und der Charité-Kirchhof von der Parochie ausgeschlossen.« Die Parochie enthielt: »a) die Chausseestraße, b) das Chausseehaus, c) die Fennstraße (zum Theil), d) die Heidestraße (zum Theil), e) das Invalidenhaus, f) die Invalidenstraße (zum Theil), g) das Invaliden-Wachthor, h) die Invalidenmühle, i) die Müllerstraße – (Nr. 1,4 und 175 bis 185)- , k) die Kirschallee, l) die Sellerstraße«[59].

Die Eröffnung und Einweihung der St. Elisabethkirche erfolgte am 28. Juni 1835[60] und die der St. Paulskirche am 12. Juli 1835.[61] Die Invalidenhaus-Zivilgemeinde hatte zu diesem Zeitpunkt 3081 Mitglieder.[62] Die Pfarrer des Invalidenhauses waren damit auch für die Zivilgemeinde zuständig. Folgende Personen hatten die evangelische Pfarrstelle in der Invalidenhauskirche inne:

1.	1748 – 1750	Johann Georg Böhme
2.	1750 – 1751	Benjamin Friedrich Decker
3.	1751 – 1753	Friedrich August Hanses
4.	1753 – 1762	Johann Christoph Dolcisus
5.	1762 – 1764	Johann Arnd Satorius
6.	1764	Johann Christian Künzel
7.	1765 – 1769	Joachim Christian Künzel
8.	1769 – 1775	Johann Simon Christian Plän
9.	1775 – 1782	Christian Daniel Jordan
10.	1783 – 1786	Christian Wilhelm Krause
11.	1786 – 1795	Friedrich August Wilhelm Schmidt
12.	1795 – 1806	August Christian Wilhelm Grunow
13.	1806 – 1809	Dr. Martin Friedrich Boy
14.	1809 – 1811	Johann Gottlob Wilfahrt
15.	1811 – 1820	Karl Friedrich Heinke
16.	1821 – 1833	Josef Wilhelm Typke
17.	1833 – 1864	Ludwig Eduard Ferdinand Seidig
18.	1865 – 1887	Ludwig Karl v. Hanstein
	1888 – 1891	vac.
19.	1892 – 1900	Wilhelm Gerhard
20.	1900 – 1902	Dr. Johannes Robert Falke
21.	1902 – 1911	Dr. Erich Gottlob Friedrich Schlegel
22.	1911 – 1919	Friedrich Wilhelm Ferdinand Heise
23.	1919 – 1923	Christoph Max Siegfried Wallis

Es bestanden also zwei Gemeinden, die des Invalidenhauses und eine sich langsam vergrößernde Zivilgemeinde. Diese Zivilgemeinde legte im Jahre 1816 ihre eigenen Unterlagen (Tauf-, Heirats- und Sterbebücher) an. Der Titel des uns interessierenden Sterberegisters lautet: *»Verzeichnis von den Todten der bürgerlichen Gemeine, angefangen am 1sten. Januar 1816, Invalidenhaus, den 1sten Januar 1816«.*[63] Es bleibt festzuhalten, daß nach dieser Eintragung die »bürgerliche Gemeine« ihren Sitz im Invalidenhaus hatte.

Wie bereits angemerkt war die Zivilgemeinde im Laufe der Jahre immer stärker geworden. Folgende weitere Angaben zu ihrer Stärke müssen notwendigerweise vorgelegt werden. Die Zahl der Seelen betrug:

1838	4 300
1843	5 000
1867	14 700
1885	25 000.[64]

Ollech vermerkt: *»Auf ein solches Zahlenverhältnis paßte die Einpfarrung schon lange nicht mehr; ihre Beibehaltung ist nur ein Act der Noth, weil es an Kirchen und deren Dotation fehlt. Wie indessen die Civilgemeinde ihre Selbständigkeit wahrt, folgt daraus, daß seit der neuen Kirchenorganisation vom Jahre 1877 sie ihre eigene Verwaltung wählt, ihre Kassenverwaltung regelt und einen zweiten Geistlichen zur Seelsorge beruft; – sie benutzt die Invalidenhauskirche nach wie vor ohne Gegenleistung, stellt nicht den Küster an, ebensowenig den Organisten und auch nicht den Calcanten ... Ein neues Rechtsverhältniß zwischen Militär und Civilgemeinde hat sich in neuster Zeit dadurch ergeben, daß der Grund und Boden des Invalidenhauses in den gesetzlichen Besitz des Deutschen Reiches übergegangen ist, wodurch Civilansprüche an den preußischen Staat an dieser Stelle nicht entsprochen werden kann.«*[65] Tatsächlich – so die wenigen Akten und die Totenbücher – war das eher Wunsch als Realität, der hohe Anteil von Zivilpersonen bei den Bestattungen blieb erhalten. Sie wurden aber nun in das Militärtotenbuch – auf Grund des »Einkaufes« – eingetragen.

Eine grundlegende Änderung trat durch den Bau der Gnadenkirche im Invalidenpark ein, deren Grundsteinlegung am 22. März 1882 erfolgte und die bereits am 3. Januar 1884 geweiht werden konnte. Dieser neuen Gemeinde trat u.a. die Zivilgemeinde mit 17 000 Seelen bei.[66] Nach 1870 ging die Zahl der zivilen Bestattungen drastisch zurück, da im Norden Berlins ein neuer, heute noch bestehender Friedhof eingerichtet wurde. Nach der Auflösung des Invalidenhauses trat der letzte Pfarrer des Invalidenhauses, Max Wallis, als 3. Pfarrer zur Gnadenkirche über. In den Jahren vor und während der NS-Zeit geriet diese Gemeinde sehr stark unter den Einfluß der »Deutschen Christen«, jener Kirchenorganisation, die sich an die NS-Herrschaft bewußt anlehnte. Auch das erklärt bestimmte Tendenzen beim »Einkaufen« von Grabstellen auf diesem Friedhof.

Mittels einer Königlichen Kabinetts-Ordre vom 3. Januar 1843 war bestimmt worden, daß in einem Teil des Invalidenhausgeländes – in den sogenannten »Bataillions-Gärten« – ein Park »zu einer Promenade für die Bewohner des Instituts« eingerichtet werden sollte. Es entstand der Invalidenpark, der auch der Öffentlichkeit zugänglich gemacht wurde. Den Entwurf dazu lieferte Peter Joseph Lenné. Auch an anderer Stelle in der Umgebung des Invalidenhauses vollzogen sich Veränderungen, die nur kurz angeführt werden sollen. 1847 begann der Bau einer Militärturnanstalt in der unmittelbaren Nähe des Invalidenhauses. Es folgte in den Jahren 1851 bis 1853 der Bau des Garnisonlazaretts, heute, nach Veränderungen und Erweiterungen, als Bundeswehrkrankenhaus noch bestehend. Das Lazarett stand in enger Verbindung zur Charité. Zahlreiche hervorragende Ärzte und bedeutende Militärchirurgen haben an ihm gewirkt.

Der unter Protektion der Kaiserin Augusta stehende »Frauen-Lazarethverein« richtete nach 1868 gegenüber dem Friedhof das Augusta-Hospital ein, das sich u. a. der Ausbildung von Krankenpflegerinnen widmete. Das und das oben erwähnte Garnisonlazarett erklärt die aus den Verzeichnissen unschwer abzulesende Tatsache, daß hier eine ungewöhnlich hohe Zahl von Ärzten, die sowohl im zivilen als auch im militärischen Dienst gestanden haben, beigesetzt wurden. Die militärischen Ränge dürfen nicht täuschen, da die Mehrzahl von ihnen zwar im Zivildienst tätig waren, aber gleichzeitig einen militärischen Rang innehatten. Den Schwestern des Augusta-Hospitals wurde eine besondere Stelle auf dem Friedhof reserviert.

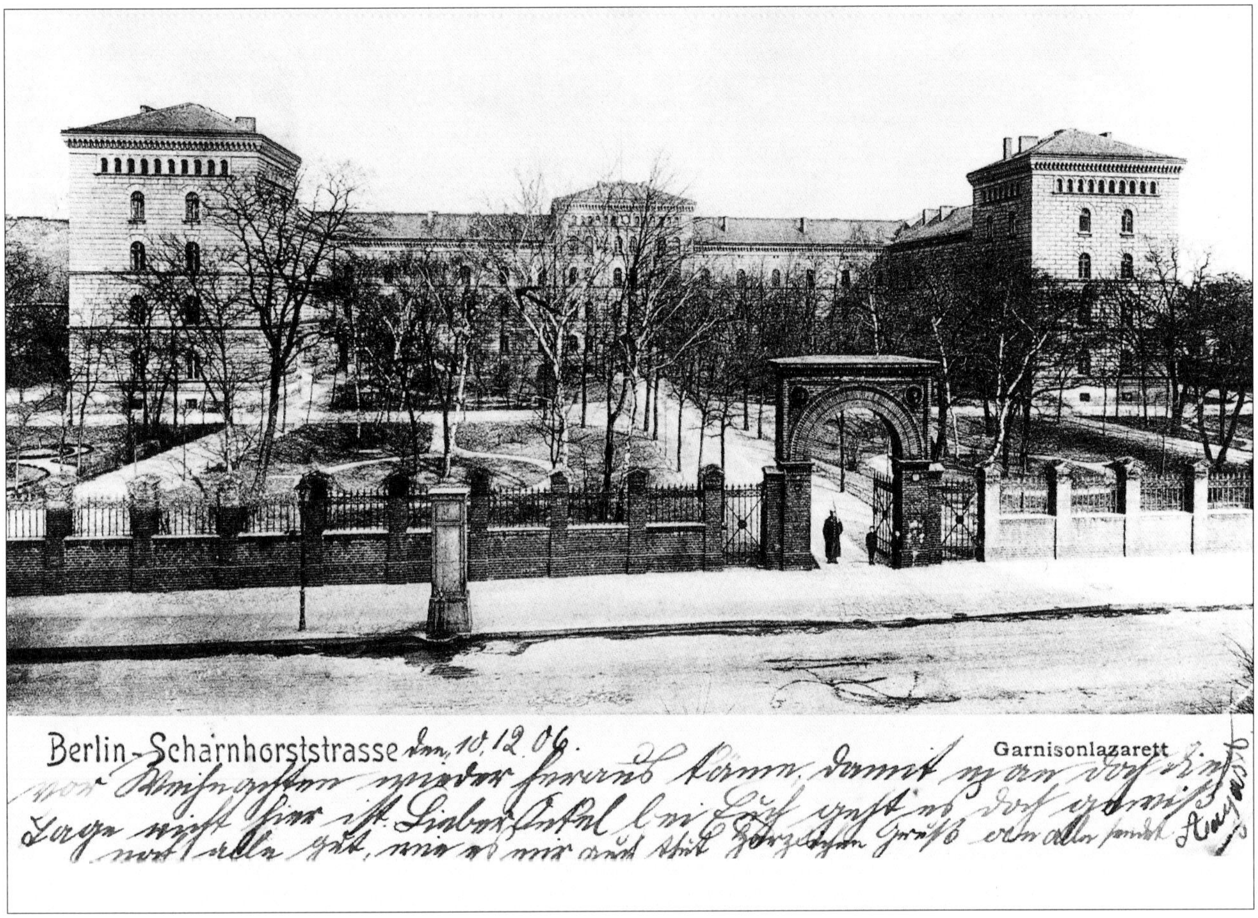

Das Garnisonlazarett in der Scharnhorststraße, Aufnahme um 1905. Nach Umbauten und Erweiterungen heute Krankenhaus der Bundeswehr. (LaBi)

Das Militär hat in der deutschen Geschichte stets zum gesellschaftlichen Leben gehört. Diese Tatsache muß man sich vergegenwärtigen, wenn man die Entwicklung des Invalidenfriedhofs angemessen nachvollziehen will. Hier liegen Personen bestattet, die durch ihre Leistung unbestritten ihren Platz in der deutsch-preußischen Geschichte einnehmen. Zu denken ist an Scharnhorst, Boyen und Friesen. Um deren Leistungen gerecht zu beurteilen, müssen die Kriterien bedacht werden, denn die meisten der beigesetzten Militärs stehen für Pflichterfüllung, Gehorsam und Treue, die sie leider eben auch blind den politischen Absichten gegenüber eingesetzt haben.

Während der Revolution vom März 1848 vollzog sich ein bisher wenig beachtetes, aber dennoch wichtiges Ereignis der Berliner Stadtgeschichte. In der Königlichen Eisengießerei in der Invalidenstraße, in unmittelbarer Nähe des Invalidenhauses, entlud sich die Wut der Bewohner der umliegenden Gegend. In diesem Gebiet lebten Handwerker, Arbeitsleute, Fabrikarbeiter, die in den Maschinenfabriken von Wöhlert, Borsig, Egells, Schwartzkopff usw. arbeiteten. Ihnen war die Königliche Eisengießerei verhaßt, und sie stürmten diese Produktionsstätte und verbrannten sie, nachdem sie diese in »Nationaleigentum« überführt hatten. Als weitere königliche Einrichtung dieser Gegend befand sich das Invalidenhaus kurzfristig in Gefahr, dasselbe

Feld A.
Grabstelle für den General
Friedrich Bogislaw Tauentzien von Wittenberg,
Zustand 1940/41. (LA)

Ansicht vom Feld B
mit den typischen Grabkreuzen
der ersten Hälfte des 19. Jahrhunderts,
Zustand 1940/41. (LA)

Schicksal zu erleiden. Nach Beendigung der Barrikadenkämpfe in Berlin setzte das Militär die in den Straßenkämpfen gefallenen Soldaten auf dem Friedhof des Invalidenhauses bei. Interessanterweise belegen die Totenbucher diese Tatsache nicht.

Die Toten, die das Militär bei den Barrikadenkämpfen in Berlin zu beklagen hatte, wurden durch Parolebefehl vom 23. März auf dem Invalidenfriedhof beigesetzt. Daraus entwickelte sich ein neues Moment, das für die Bewertung von nicht geringer Bedeutung ist. Da diese Vorgänge bei der Beurteilung bisher nicht berücksichtigt wurden, sollen sie kurz behandelt werden. Im Sommer 1848 regten sich in der Armee Kräfte, die den Angehörigen dieser gefallenen Soldaten Unterstützung zukommen lassen wollten. Daraus entstand der Gedanke, den in den revolutionären Auseinandersetzungen gefallenen Soldaten ein Denkmal zu errichten. Am 16. Januar 1849 genehmigte der König dieses Projekt. Später wurde erwogen, auch den bei der Niederwerfung der Revolution in Sachsen und im Großherzogtum Baden sowie in der Reichsverfassungskampagne des Jahres 1849 gefallenen Soldaten mit diesem Denkmal zu gedenken. Als Bauplatz wurde der o.g. Invalidenpark angewiesen, und am 18. Juni 1850, dem Tag der Schlacht bei Fehrbellin (1675) und Belle-Alliance (1815), erfolgte die feierliche Grundsteinlegung. In der Urkunde über die Grundsteinlegung hieß es u.a.: *»Möge dieses Denkmal dankbarer Anerkennung fortan bis zu den spätesten Geschlechtern eine entsprechende Aufmunterung sein, die Treue zu bewahren, welche Staaten erhält und den Wohlstand der Völker begründet.«*[67]

Die Säule im Invalidenpark, um 1925.
(aus Treuwerth, Der Invalidenfriedhof)

Ruine der Gnadenkirche im Invalidenpark,
Aufnahme aus den fünfziger Jahren. (BA)

1852 erfolgte die Einweihung, die Särge von 15 Soldaten und drei Offizieren wurden feierlich beigesetzt. Eine Schildwache der Berliner Garnison hielt an dem Denkmal bis zur Revolution von 1918 Wache. Anlage und Aufgabe dieses Denkmals, das aus einer 44 Meter hohen, gußeisernen Säule, dem kleinen Friedhof sowie einer Gedenktafel mit den 475 Namen von in den Jahren 1848/1849 gefallenen Soldaten bestand, wurden in der Literatur nicht zuletzt auf Grund der räumlichen Nähe unzulässig mit dem Friedhof verbunden. Der Invalidenpark war aber einzig und allein eine staatliche Maßnahme mit politischem Hintergrund, die mit dem Friedhof und seiner Geschichte in keinem Zusammenhang stand.

Wenige Jahre später errichtete man mit dem »Amazonen-Denkmal« einen weiteren Gedenkstein in diesem Park. Die Korvette »Amazone«, Schulschiff für Seekadetten und Schiffsjungen, war am 14. November 1861 während einer Überfahrt von Danzig nach Lissabon in einem Sturm an der holländischen Küste verlorengegangen, alle Besatzungsmitglieder kamen ums Leben. Zur Erinnerung entstand ein Gedenkstein, der zwar den Gedanken der Invalidensäule indirekt aufnahm, aber unter den dann folgenden Steinen eine gewisse Sonderrolle spielte.

In den Jahren nach dem Ersten Weltkrieg entstanden im Invalidenpark zahlreiche Gedenksteine, die an die Weltkriegstoten der Berliner Regimenter erinnerten. Diese Kriegerdenkmale wurden von den Angehörigen folgender Formationen errichtet:

a) 2. Garde-Regiment zu Fuß, einschl. der Nebenformationen
b) 1. Garde-Feldartillerie-Regiment, einschl. Nebenformationen

Abriß der Gnadenkirche im Invalidenpark, Aufnahme Dezember 1967. (BA)

c) 3. Garde-Feldartillerie-Regiment, einschl. Nebenformationen
d) Gardefüsilier-Regiment (Maikäfer)

Diese Einheiten der alten Armee besaßen z.T. vor 1918 in den umliegenden Straßen (Chausseestraße, Friedrichstraße, heutige Reinhardt-Straße usw.) ihre Kasernen. Das war möglicherweise der Anknüpfungspunkt, an diesem Ort Gedenksteine zu errichten. Nach 1945 wurden sie – wie viele andere Gedenksteine – zunächst durch die sowjetische Besatzungsmacht nicht angetastet, da ihre Beseitigung als »Schmach« für die deutsche Bevölkerung angesehen wurde, obwohl sie während der Kampfhandlungen beschädigt worden waren. In der 1946 beginnenden Auseinandersetzung um mehr als 100 Denkmäler preußisch-deutscher Geschichte in Berlin, mußten die meisten als Sinnbilder des preußischen Militarismus weichen. Lediglich die Reste des »Amazonen-Denkmals« waren noch längere Zeit erhalten. Erst nach 1966, als die Ruinen der Gnadenkirche beseitigt wurden, fiel auch das Amazonen-Denkmal dem Abriß zum Opfer. Die Invalidensäule, die offiziell als »Nationalkriegerdenkmal« bezeichnet worden war, wurde auf Grund ihrer Entstehungsgeschichte 1948 abgetragen.

An eine Wiederherstellung dieses Invalidenparks ist nicht gedacht, seine Existenz ist aus dem öffentlichen Bewußtsein entschwunden. Aber bei der Betrachtung der Geschichte des Invalidenfriedhofs spielt offensichtlich seine einstige Rolle und Aufgabe mit. Wenn je etwas in Berlin einem »Ehrenhain« preußischer Geschichte nahe kam, dann war es dieser Ort. In der Publizistik wird oftmals der Eindruck erweckt, daß der Invalidenfriedhof ein »Anhängsel« dieses Invaliden-

Blick in den Park des Invalidenhauses in der Scharnhorststraße, Aufnahme 1937. (BA)

parks gewesen sei. Wenn die heutige, etwas zugespitzte Auseinandersetzung um den Friedhof geführt wird, muß an diesen Ort ebenfalls gedacht werden, auf den ein Teil der aus unterschiedlichen Positionen herrührenden Wertungen zutrifft. Dieser Park war ideologisch besetzt und gerade durch die Verbindung mit den Kämpfen gegen die Demokratiebewegung in Deutschland verbunden.

III. Der Invalidenfriedhof

Die eingangs erwähnte Instruktion Friedrichs II. vom 31. August 1748 hielt unter Punkt 24 lakonisch fest: *»Der Begräbnisplatz wird angewiesen.«* Dies geschah am 15. November des Jahres 1748. Damit war das Bild einer kleinen, in sich geschlossenen Gemeinschaft gegeben. Das Kirchenbuch der Invalidenhausgemeinde verzeichnet für den 20. Dezember 1748 den ersten Toten. Es handelte sich um den Unteroffizier Hans Michael Neumann aus Bamberg, der katholischen Glaubens war. Leider ist sein Alter in den Unterlagen nicht vermerkt. Am 24. Dezember folgte der Soldat Christian Springstab, der »lutherischen« Glaubensbekenntnisses war. Beide wurden auf diesem Kirchhof beigesetzt; ein für die damalige Zeit nicht alltäglicher Vorgang, der aber das o. g. Toleranzprinzip aus Zweckmäßigkeitsgründen für den preußischen Staat konkret belegt.

Das Totenbuch der Invalidenhausgemeinde verzeichnet bis zum Jahre 1786 die Namen von 2 165 Invaliden der preußischen Armee. Die Literatur über das Haus bzw. über den dazugehörigen Friedhof vermerkt diese Tatsache nur kurz, aber gerade sie, die ehemaligen Soldaten, die z.T. über siebzig oder achtzig Jahre alt geworden waren, verdienen Aufmerksamkeit. Sie prägten – gemeinsam mit ihren Frauen und z.T. auch Kindern – das Wesen dieser Einrichtung. Sie hatten dem Staat, dem Königshaus gedient. Sie stellten für die gesamte Zeit der Existenz des Friedhofs die größte, geschlossene Gruppe der Beigesetzten dar. Nicht gezählt wurden bisher die dort beigesetzten Frauen und Kinder aus dem Invalidenhaus. Diese Tatsache fand bisher wenig Beachtung. In den Dokumenten des 18. und frühen 19. Jahrhunderts wird stets vom »Kirchhof der Invaliden-Gemeinde« in der Kirschallee – heute Scharnhorststraße – gesprochen. Bereits die Reduzierung auf den Begriff »Invalidenfriedhof«, die für die zweite Hälfte des 19. Jahrhunderts umgangssprachlich nachweisbar ist, schränkt also ein und läßt den militärischen Aspekt dominant werden. Der Begriff deckt die Tatsache nicht ab, daß zu Bewohnern des Invalidenhauses auch Frauen und Kinder gehörten. Der Friedhof lag am Anfang des 19. Jahrhunderts außerhalb der Stadt, stand nicht im Blick der Öffentlichkeit, und es wurden nur die Invaliden sowie einige wenige Zivilisten hier beigesetzt.

Mit dem Ende der Befreiungskriege einerseits und der weiteren Ausdehnung der Stadt andererseits, vollzogen sich neue Entwicklungen. Vor allem erfolgte eine langsame Einbeziehung der Gegend in die Stadt und damit eine Aufwertung, die auch den Friedhof betraf. Ab diesem Zeitpunkt taucht, maßgeblich beeinflußt durch Schinkel und der antiken Renaissance in der preußischen Architektur, der Gedanke eines Campo Santos auf. Derartige Ideen entsprachen dem Geschmack der Zeit. Erinnert sei an den von König Friedrich Wilhelm IV. angeregten Gedanken eines Campo Santos im Zusammenhang mit dem Dombau in Berlin sowie der Errichtung des Mausoleums für Königin Luise im Schloßpark zu Berlin-Charlottenburg, in dem Friedrich Wilhelm III. und dann Kaiser Wilhelm I. ebenfalls ihren Platz fanden. Es gab und gibt in Berlin keinen Friedhof, auf dem die Militärs, Schriftsteller

Älteste bisher bekannt gewordene Fotografie vom Invalidenfriedhof.
Sie zeigt Grabdenkmale für die Gebrüder v. Pirch.
Aufnahme von Waldemar Tietzenthaler, 1897. (BA)

und anderen Eliten der Gesellschaft beieinander lagen, und der Gedanke einer Walhalla, eines Elysiums lag nach dem Sieg über das napoleonische Frankreich und dem langsamen Aufstieg des wieder zur Großmacht gewordenen Preußens auch als Industriestaat nahe. Er ist an verschiedenen Stellen erwogen worden; eine Auseinandersetzung gab es u.a. darüber, daß auf dem Campo Santo am Berliner Dom nur Angehörige der regierenden Herrscherfamilie beigesetzt werden sollten. Der Wunsch, verdienstvolle Persönlichkeiten zu ehren, wurde mehrfach erhoben und erwogen.

Ein weiterer Schritt vollzog sich im Jahre 1824. Die Besitzverhältnisse des Invalidenhauses mußten verändert werden. Die Stein-Hardenbergschen Reformen verlangten diese Umwandlungen, um eine Anpassung an die sich entwickelnden bürgerlichen Verhältnisse zu ermöglichen, d.h. die Besitzungen mußten frei verkäufliches Eigentum werden. Die Vorgänge sollen hier nicht im einzelnen beschrieben werden. Die dazu notwendige Königliche Kabinetts-Ordre enthielt einen den Friedhof betreffenden Passus. Dieser bestimmte die Größe des Friedhofs als ein unteilbares Geländestück, wobei besonders das Feld C als für die *»Nobilitäten der Armee designiert«*, die hier *»auf höheren Befehl«* beigesetzt werden sollten, Erwähnung fand. Zweites auslösendes Moment war das Bestreben der Freunde des preußischen Generals Gerhard von Scharnhorst, dessen Leichnam nach Berlin zu überführen.

Perspektivische Ansicht eines Denkmals für den General Gerhard v. Scharnhorst. (aus Schinkel, Sammlung architektonischer Entwürfe)

Scharnhorst war nach einer Verwundung 1813 in Prag verstorben. Er sollte nun mit seiner Grabstätte besonders geehrt werden. Eine Kommission von Generalen unter Leitung des Generals von Gneisenau bat 1820 Schinkel um einen Entwurf für ein Grabdenkmal, das zunächst in Prag aufgestellt werden sollte. 1824 fiel – wie angeführt – die Entscheidung über das Feld C, und Schinkel entwarf das Grabdenkmal in der überlieferten Form. 1826 erfolgte die Überführung Scharnhorsts von Prag nach Berlin, und die Errichtung des Denkmals wurde beschlossen. Mit der Beisetzung von Scharnhorst fiel die Entscheidung, eine Grabstätte für die gesamte Familie einzurichten.

Der anvisierte Gedanke eines großangelegten Campo Santos ließ sich nicht realisieren. Außer Scharnhorst fanden nur wenige Heerführer der Befreiungskriege hier ihre letzte Ruhestätte. So fehlen u.a. Feldmarschall Blücher, obwohl in Berlin wohnhaft, Bülow von Dennewitz, Yorck von Wartenburg, Neidhardt von Gneisenau, um nur die bekanntesten zu nennen. Selbst Adolph v. Lützow, der Führer des bekannten Freikorps, zuletzt im Range eines Generalmajors, wurde 1834 auf dem Berliner Garnisonfriedhof an der Linienstraße beerdigt. Das Grab ist auch heute noch erhalten. Auch Johanna Stegen, das »Heldenmädchen von Lüneburg«, wurde nicht auf diesem Friedhof, sondern 1842 auf dem Friedhof der Sophiengemeinde beigesetzt. Diese Gräber sind erhalten, und in den dreißiger Jahren des

Feld C. Monument für Gerhard v. Scharnhorst, Zustand 1940/41. (LA)

20. Jahrhunderts entstanden neben den historischen Grabdenkmälern neue Grabsteine.

Nach den bisherigen Erkenntnissen ist offensichtlich die Familie von Rauch diejenige, die in dem nach 1945 neu angelegten Verzeichnis der Beisetzungen am stärksten vertreten ist. Betrachten wir u.a. die Familie von Held. Einer ihrer Vertreter war 1848 Kommandant des Invalidenhauses und verlor aus bis heute nicht bekannten Gründen seinen Posten. Er wurde nach seinem Tode auf diesem Friedhof bestattet und daraus entwickelte sich die Familientradition, daß die folgenden Angehörigen dieser Familie nach ihrem Tode auch hier beigesetzt wurden. Unschwer ist dies aus den vorhandenen Listen, trotz ihrer Unvollständigkeit, zu entnehmen. Ernst Wigankow – in der Literatur mehrfach als U-Boot-Kommandant aufgeführt – ist nicht in dieser Eigenschaft hier bestattet worden, sondern als Angehöriger der Familie, die auf dem Friedhof beigesetzt worden ist.

Zu bedenken ist zugleich, daß die Literatur nur die Männer aufzählt, völlig vergessen werden die Ehefrauen und die Kinder (z.T. sehr jung gestorben). Es ist den Veröffentlichungen auch in einem weiteren Punkt nicht zu trauen, indem nämlich die Lebensumstände der Personen nicht gesehen werden. Markantestes Beispiel ist die Behandlung des ehemaligen Gouverneurs von Deutsch-Ostafrika, Friedrich Schele. Dieser wird in der Literatur nur im Zusammenhang mit der deutschen Kolonialpolitik behandelt und damit der Eindruck erweckt, als sei er deshalb hier beigesetzt worden. Daraus wären dann bestimmte Wertungen erklärlich, aber nicht verständlich. Tatsächlich fand Schele als Kommandant des Invalidenhauses im Jahre 1904 an diesem Ort seine letzte Ruhestätte. Das ist nicht nur ein feiner Unterschied, sondern für eingangs angesprochene Bewertungen von entscheidender Bedeutung. Ähnliches kann für andere Personen nachgewiesen werden.

Wie kompliziert im einzelnen die Vorgänge der Beisetzungen auf dem Friedhof, insbesondere auf dem Feld C bei berühmten Personen waren, belegt der Vorgang um den bis heute von Sportlern Deutschlands verehrten Friedrich Friesen. August Freiherr v. Vietinghoff, genannt Scheel, Oberstleutnant a.D. wandte sich 1842 an den Minister für geistliche Angelegenheit von Eichhorn mit dem Wunsch *»betreffend eine Ruhestätte für die Gebeine meines im Feldzug von 1814 gefallenen Freundes Friedrich Friesen«* in *»gnädige Erwägung«* zu ziehen. Vietinghoff berichtete über die Umstände des Todes von Friesen, der nach seiner Gefangennahme von Marodeuren in den Ardennen erschossen worden war. Er ließ den Leichnam im Jahre 1816 ausgraben und *»nahm die Gebeine mit mir und habe sie seitdem auf allen meinen Hin- und Herzügen als ein heiligstes Besitztum mit mir geführt, um für sie der einst hier in vaterländischer Erde«*[68] eine Grabstelle zu finden. Seine Mutter hatte eine Stelle auf dem Friedhof am Halleschen Tor, und dort wollte er Friesen auch beisetzen. Das Problem, das sich dabei stellte, war unschwer zu erkennen, denn für Friesen fehlte der Identitätsnachweis, der Totenschein und weitere, für eine Bestattung notwendige Papiere.

Der Minister der geistlichen Angelegenheiten wandte sich am 27. Juli 1842 an den Kriegsminister Hermann von Boyen: *»Ew. Excellenz beehre ich mich in der Anlage einen Bericht, der die Todesart des im Feldzuge 1814 in den Ardennen gefallenen Lieutenants Friesen beschreibt und wie er die Gebeine desselben im J. 1816 habe ausgegraben lassen und seitdem mit sich geführt habe, um für sie dereinst eine passende Ruhestätte auf dem Kirchhofe vor dem Halleschen Thor, wo auch seine Mutter bestattet ist, zu erhalten.*

Der Obriestlieutnant von Vietinghoff beabsichtigt, sich deshalb an des Königs Majestät zu wenden und wünscht meinen Rath in dieser Angelegenheit.

Da es sich hier um die ehrenvolle Bestattung der Reste eines Mannes handelt, der zu den Begeisterten und edelsten Jünglingen, die für das Vaterland ins Feld zogen, gehörte und wegen seiner ausgezeichneten Persönlichkeit von seinen Kampfgenossen und Freunden um so tiefer betrauert wurde, als er nicht auf dem Schlachtfelde, sondern durch Meuchelmord gefallen war, so erlaube ich mir Ew. Excellenz um geneigte Mittheilung und Ihren erlauchten Bericht ganz ergebenst zu bitten, ...«[69]. Im Klartext heißt das, daß Eichhorn nicht nur um einen Rat bittet, sondern hofft, daß dieser die Entscheidung beim König vorbereitet.

Am 31. Januar antwortet Boyen: *»Daß dem p.p. Friesen ein ehrendes Gedenken gesichert bleibe, wird gewiß*

Grabkreuz für Friedrich Friesen, Aufnahme 1983/84. (LD)

Blick über das Feld C, links das Grabkreuz für Friedrich Friesen, in der Mitte die Grabstelle der Familie v. Rauch und rechts der Grabstein v. Falkenhausen. Aufnahme 1983/84. (LD)

dem Wunsch aller deren sein, welche ihn gekannt haben, und ich würde in dieser Hinsicht an Sr. Majestät zu richtenden Antrag wohl motiviert erwarthen. Die Allerhöchste Genehmigung zur Bestattung der Gebeine des p.p. Friesen entweder auf dem Garnisons Kirchhofe oder auf dem Kirchhofe des hiesigen Invalidenhauses sowie zur Errichtung eines Denkmals daselbst, nachzusuchen, scheint mir unter diesen Umständen eine geeignete Maßregel zu sein, wobei ich jedoch auf den, auf dem Ew. Ecxellenz bereits bewegten Punct noch besonders aufmerksam machen muß, daß bei der Besonderheit der hinsichtlich der Auffindung und Conservation der Gebeine in Frage kommenden Umstände ein näherer und befriedigender Nachweis als Bedingung der Zuverlässigkeit eines solchen Immediatantrages vorauszustellen sein wird.«[70]

Es folgen eine Reihe weiterer Festlegungen, die z.T. bereits nach der Beendigung des Vorgangs vernichtet wurden und die Protokolle darüber zu den Akten genommen wurden. Am 29. Juni schrieb Boyen an Eichhorn: *»Im Verfolg meines Schreibens vom 31ten December v. J. beehre ich mich, Eure Ecxellenz ganz ergebenst zu benachrichtigen, daß des Königs Majestät auf einen Immediats-Gesuch des Obristlieutnant. a. D. v. Vietinghoff hierselbst die Beerdigung der Gebeine seines während des Freiheitskampfes im Jahre 1814 verstorbenen Freundes, des Lieutnants Friesen vom Lützowschen Corps, auf dem hiesigen Invaliden Kirchhofe zu genehmigen und dabei zu bestimmen geruht haben, daß diese Bestattung mit Vermeidung alles Aufsehens und einfach einzurichten sei, jedoch auf dem Kirchhofe eine Musik den Sarg erwarten und zum Grab geleiten könne; auch wollen Sr. Majestät die Kosten der Beerdigung übernehmen.*

Die Bestattung der Ueberreste des Verstorbenen welche inzwischen nach dem hiesigen Invalidenhause geschafft worden sind, wird demzufolge am 15ten d. Mts. Nachmittags 4 Uhr auf den Kirchhofe des gedachten Invalidenhauses stattfinden, wozu die nöthigen Anordnungen bereits getroffen sind.

Daß der Bestattungs-Ceremonie auch ein Prediger des Invalidenhauses beiwohne, ist daseits ebenfalls veranlaßt.«[71] So geschah es dann auch, aber v. Vietinghoff war nicht anwesend.

Anzumerken bleibt, daß nach Verlust der Akten des preußischen Kriegsministeriums die weiteren Einzelheiten dieser Festlegungen nicht ermittelt werden können, aber die Übernahme der Kosten dieser Bestattung weist auf die Tatsache, daß Friesen zu dem Kreis der Personen gehörte, die nach der Ordre von 1824 ein Recht hatten, auf diesem Friedhof beigesetzt zu werden, angesichts der Umstände, die als etwas peinlich empfunden wurden, geschah dies aber in aller Stille.

Untersucht man also die Lebensverhältnisse derjenigen, die auf dem Feld C als Teilnehmer der Kriege bis 1815 beerdigt worden sind, so fällt auf, daß es sich in der Regel um Angehörige des »Nichtlandsässigen« Adels handelte, d.h. ihnen fehlte jeglicher Landbesitz. Sie waren im Staatsdienst gewesen, hatten aber keinen Rückhalt durch Besitz an Grund und Boden. Nach wie vor ließ sich der landsässige Adel in den seit dem 18. Jahrhundert besonders ausgeprägt gepflegten Familiengrüften, d.h. auf den Gütern beisetzen. Das blieb Tradition bis weit in das 20. Jahrhundert hinein. Die auf dem Invalidenfriedhof beigesetzten Personen hatten ihre Verdienste um den Staat, waren aber im wesentlichen nicht begütert.

Die Analyse der Lebensläufe der hier beigesetzten Soldaten und Beamten belegt, daß diese Grundtendenz bis 1918 vorherrschte. Es fällt auf, aber das kann nur tendenziell als Hypothese angeführt werden, daß eine Reihe wichtiger Heerführer, Kriegsminister, Generäle usw., die zu den bekanntesten Vertretern des Militärs in den Kriegen Preußens und Deutschlands zwischen 1864 und 1918 zählten, hier nicht beigesetzt worden sind. Zu denken wäre an den Admiral von Tirpitz, an den Chef der Obersten Heeresleitung von Falkenhayn, an den Reichskanzler von Bethmann Hollweg, den Preußischen Kriegsminister von Stein u.a.m., von denen einige auf einem anderen, besonders bevorzugten, aber bis heute nicht im Blickpunkt der Öffentlichkeit stehenden Friedhof von Bornstedt ihre letzte Ruhe fanden. Dort ruhen eine Reihe bedeutender Architekten wie Stüler und Strack sowie Peter Joseph Lenné und die Familie Sello, deren Leistung als Gartenarchitekten in Preußen unbestritten ist, so daß dieser Ort viel eher als ein »Ehrenhain« Preußens in der Art eines Campo Santos anzusehen ist.

Es handelt sich keineswegs um eine planmäßig verwirklichte Absicht von Führungsgremien des Kaiserreichs, auf dem Invalidenfriedhof einen Ehrenhain zu schaffen, sondern ist eine spontane Entwicklung. Man kann ohne Übertreibungen sagen, daß sich im Preußen des 19. Jahrhunderts ein Ehrenhain von verdienstvol-

Gang im Feld C, links das Grabmal v. Scharnhorst, rechts das Grabmal Boyen mit zwei Säulen und Figurinen, Zustand 1940/41. (LA)

len Männern und deren Familien auf Grund der differenzierten politischen und wirtschaftlichen Verhältnisse der Familien nicht bilden konnte. Diese Bewertung muß festgehalten werden, gerade da das Ende des 19. Jahrhunderts unter ganz anderen politischen Voraussetzungen derartige Gedanken anklingen ließ und die Zeit nach dem verlorenen Ersten Weltkrieg »Kraft in der Geschichte« suchte und viele Orte hervorhob und sie journalistisch oder propagandistisch in den Rang eines Ehrenhains erhob.

Eine weitere Anmerkung muß gemacht werden. Der Kabinetts-Ordre von 1824 folgte eine Einteilung der Felder des Friedhofs. Zu diesem Zeitpunkt standen vier Felder (A, B, C und D) zur Verfügung, deren Einteilung in der überlieferten Form im Jahre 1834 erfolgte. Den Mittelpunkt bildete das Grab des Generals von Kessel, der 1827 starb. Die Analyse der wenigen erhaltenen Dokumente zeigt, daß das heutige Feld A die erste Stelle war, an der Beisetzungen erfolgten. Hier haben sich bis in die Gegenwart Gräber des 18. Jahrhunderts erhalten. 1769 folgte dann die Eröffnung des heutigen Feldes B als Begräbnisplatz. Feld A blieb das bevorzugte Feld des Invalidenhauses. Es kann von einer gewissen Systematik gesprochen werden, Feld B blieb über lange Zeit der Zivilgemeinde reserviert. Es gibt nach den Kriegszerstörungen zu wenig Aktenmaterial, aber das wenige läßt den Schluß zu, daß mit der Ordre von 1824 die Neueinteilung erfolgte. Feld B wurde nun ebenfalls der Invalidenhausgemeinde zugeordnet.

In den vierziger Jahren des vorigen Jahrhunderts erfolgte eine erste Revision des Bestandes an Grabstellen. Es wird von Einebnungen und Aufrichten verfallener Grabkreuze gesprochen. Offensichtlich stand dies

Die Königslinde auf dem Invalidenfriedhof,
gepflanzt zur Erinnerung an König Friedrich II., 1897. (LaBi)

im Zusammenhang mit der für die Unterhaltung des Friedhofs wichtigen Frage der Festlegung der Liegefristen. Die Angehörigen des Invalidenhauses hatten im Gegensatz zu den Mitgliedern der Zivilgemeinde für die Grabstelle nichts zu bezahlen. Das war eine wichtige Einnahmequelle für den Unterhalt der kirchlichen Aufgaben der Invalidenhausgemeinde. Diese Tatsache wird bei der Betrachtung der Geschichte der Berliner Friedhöfe im allgemeinen unterschlagen. Aber gerade sie war entscheidend für die Frage der Fristen und hat vor allem Einfluß gehabt auf die Bewertung des Friedhofs durch die Nachwelt. Diese Zufälligkeiten bestimmten – bis auf wenige Ausnahmen – vor allem den Erhalt der Gräber über die Jahrzehnte. Nur wer das Geld hatte, konnte sich einkaufen und auch über Generationen die Gräber sichern. Anderseits gehörte dazu auch das notwendige Zusammengehörigkeitsgefühl über Generationen. Zunächst sei dies nur als eine allgemeine Feststellung festgehalten, auf die zurückzukommen sein wird.

Das Feld C blieb reserviert für die »Nobilitäten der Armee«, und Feld D erhielt nun die immer mehr anwachsende Zivilgemeinde. Auf dem Feld A und C haben sich bis in die Gegenwart bedeutende Grabdenkmäler erhalten, die für die Entwicklung der Grabdenkmalkunst in Deutschland von besonderem Wert sind. Ihr Erhalt und ihre weitere Pflege sind besonders notwendige Schritte bei der Sicherung der Substanz. Erinnert sei an die Arbeit von Georg Voß, »Grabdenkmäler in Berlin und Potsdam aus der Zeit der Neubelebung des antiken Stils, Ende des 18. und Anfang des 19. Jahrhunderts«.

Die Merkwürdigkeit bestand nun darin, daß das reservierte Feld C nicht der Militärgemeinde des Invalidenhauses, sondern der Zivilgemeinde zugeordnet wurde. Alle hier begrabenen Personen werden im Totenbuch der Zivilgemeinde aufgeführt. Diese wuchs in den folgenden Jahren ständig, während die Militär-, also die Invalidenhausgemeinde zahlenmäßig in ihrer Größe in etwa gleich blieb. 1867 lebten im Invalidenhaus 32 Offiziere (davon 9 Pfleglinge), 65 Feldwebel und Unteroffiziere und 181 Soldaten, also 246 Personen. 1843 zählte die Zivilgemeinde etwa 500 Personen, 1867 dann 14 700. Durch Königliche Kabinetts-Ordre vom 10. März 1834 wurde ein Teil der Zivilgemeinde abgetrennt und zur St. Johannis-Moabit-Kirche gegeben. 1884 folgte ein weiterer Teil, der zur Nazareth-Gemeinde kam. Trotzdem wuchs die Zivilgemeinde angesichts der weiteren Besiedlung dieses Stadtgebietes. Ihre Mitgliederzahl betrug 1884 etwa 26 000 und 1889 etwa 27 000 Seelen.

Ein weiterer Vergleich ist angebracht. In der Zeit von 1748 bis 1898 gehörten insgesamt 272 Offiziere und 8 517 Soldaten zur Militärgemeinde, die Seelenzahl lag also konstant jährlich unter 500. Die Mehrzahl dieser Invaliden und ihrer Familienangehörigen ist an diesem Ort beigesetzt worden. Diese wenigen Werte belegen die Dominanz der Zivil- gegenüber der Militärgemeinde in diesen Jahren. Das ist bei der Betrachtung der Geschichte des Invalidenfriedhofs als eine entscheidende Prämisse anzusehen.

Die ständig wachsende Zivilgemeinde machte eine Erweiterung des Friedhofs notwendig. Das spätbarokke Planungsschema des Friedhofs mußte aufgegeben werden. Aber auch das Invalidenhaus meldete seine Ansprüche auf Erweiterungen an. So wurden in den sechziger Jahren des 19. Jahrhunderts die Felder E, F, G, und J angelegt. Eine ungefähre Zuordnung wurde gesucht, und die Felder E und J erhielt die Invalidenhausgemeinde, und die Felder G und H wurden der Zivilgemeinde als Bestattungsplätze zugewiesen. Dies ergibt sich aus der Analyse der Totenbücher.

Ein Blick sei auf die Kosten für die Bestattung der Toten gestattet, da dadurch die folgenden Entwicklungen verständlich werden und aufgezeigt wird, daß wesentliche Entscheidungen auch durch das Problem der Einnahmen des Friedhofs für den Unterhalt des Invalidenhauses gegeben sind. Sie geben einen wesentlichen Schlüssel für das Verständnis weiterer Entwicklungen. Von diesen Einnahmen lebten die Pfarrer jeder Gemeinde, sie waren notwendiger Teil des Unterhalts und der Einnahmen jeder Gemeinde. Die Friedhofsgebühren betrugen für den Invalidenfriedhof am 15. April 1836:

> *»Leiche 1. Klasse oder sogenannte Gewölbeleiche – 15 Taler, 10 Groschen*
> *Leiche 2. Klasse oder sogenannte große Leiche – 8 Taler*
> *Leiche 2. Klasse mit zwei Pferden – 4 Taler, 5 Groschen*
> *Leiche 3. Klasse bei Standespersonen – 4 Taler, 5 Groschen*
> *Leiche 3. Klasse bei Personen geringeren Standes – 2 Taler*

Feld D.
Grab des Theologen Prof. Dr. Wolf Wilhelm Graf Baudissin,
Zustand 1940/41. (LA)

Feld A.
Grab des Generalintendanten der Königlichen Schauspiele,
Georg Graf v. Hülsen-Haeseler,
Zustand 1940/41. (LA)

Leiche 4. Klasse – 2 Taler
Kinderleiche – 23 Groschen, 9 Pfennige
Die Beisetzung von Angehörigen des Invalidenhauses war kostenlos.«[72]

Im Laufe der Jahre stiegen die Kosten für die Beerdigungen.

Die politischen Auseinandersetzungen und die Theorie des »christlichen Staates« wirkten im Detail auf den Friedhof. Ein katholischer Invalide wurde neuer Friedhofswärter, das erzeugte einigen Wirbel bis in die Spitzen des preußischen Staates. Am 22. August 1838 wandte sich das Kriegsministerium an den Staatsminister der geistlichen Angelegenheiten von Altenstein und antwortete auf einen dort eingegangenen Protest: *»Es ist auf die Entlaßung eines bei dem hiesigen Invalidenhaus Kirchhofs als Todtengräber und Gärtner angestellten vormaligen Unteroffiziers angetragen worden, weil derselbe sich in der Ausführung seiner Dienstfunctionen Vernachlässigungen hat zu Schulden kommen laßen, die seine fernere Beibehaltung nicht gestatte.*

Die Entlassung ist daher festgesetzt, und zu seinem Nachfolger ein seit einer Reihe von Jahren als Hülfsgärtner beschäftigter Pionier Zogtowek bestimmt worden, weil es nothwendig und Vorschrift ist, daß der Todtengräber des Invalidenhauses Kirchhofes zugleich Kenntnisse von der Gärtnerei besitze, um durch eine specielle Pflege und Aufsicht die Gartenanlagen auf den Kirchhofe und in der Umgebung des Invalidenhauses zu erhalten und zu verbessern. Der bisherige Todtengräber war evangelischer Confession, während der jetzt zu seinem

Feld C.
Grabstelle für den Wasserbaumeister
Gotthilf Hagen und seiner Ehefrau,
Zustand 1940/41. (LA)

Nachfolger bestimmte Zogtowek katholischen Glaubens ist. Aus diesem Grund werden nun gegen die Annahme des letzteren von Seiten des evangelischen Predigers beim Invaliden Hause Seydig Bedenken erhoben. Diesseits können dieselben jedoch um deswillen nicht getheilt werden, weil die Militär-Gemeine des Invalidenhauses aus zwei Confessionen, nämlich einer evangelischen und einer katholischen besteht, die Leichen beider gemeinschaftlich auf dem Kirchhofe des Hauses begraben werden und nach einer Anzeige der Commandantur seither der Todtengräber evangelischer Confession auch die verstorbenen katholischen Officiere und Gemeinen des Instituts und die Familien beerdigt hat, selbst wenn der katholischen Pfarrer zugegen gewesen ist.

So wie nun seither kein Anstoß darin gefunden worden ist, daß die Leichen von katholischen Glaubensgenossen durch einen Todtengräber evangelischer Confession auf den Kirchhofe des Hauses beerdigt worden sind, so dürfte ein solcher auch nicht darin zu finden sein, wenn nunmehr die Leichen der evangelischen Gemeinde durch einen Todtengräber katholischer Confession beerdigt werden, zumal wie gesagt, die Militair-Gemeinde des Invalidenhauses aus beiderlei Confessionen bestehe, die Civil-Gemeinde ebenfalls wohl Katholiken in sich zählen wird, überhaupt aber die Annahme nur eines Todtengräbers zuläßig ist, und es wenn hierbei auf die Confession gesehen werden soll, selbstgerecht erscheinen möchte, zu alternieren. Die Vorstellung des Prediger Seydig vom 12. d.M. gegen die Annahme des Zogtowek scheint demnach nicht wohlbegründet.

Ew. Excellenz beehre ich mich diese durch das betreffende General Commando eingesandte Vorstellung unter Beifügung der Auskünfte der Commandantur des Invalidenhauses über das Verfahren bei Beerdigung katholischer Militairs vom 17. d.M. mit dem Ersuchen ganz ergebenst zu übersenden, mit bei Rückgabe der Anlagen dero geneigte Äußerung über diesen Gegenstand recht schleunig zukommen lassen zu wollen.«[73]

Der katholische Friedhofsgärtner mußte gehen und damit endete auch im Detail das Toleranzverhalten auf dem Invalidenfriedhof. Neue Entwicklungen setzten ein, die dann am 8. Dezember 1860 zur Lostrennung des katholischen Teils der Invalidenhaus-Zivilgemeinde von der Invalidenhausparochie führten. Es sei hier nur kurz darauf verwiesen, daß neben der evangelischen Zivilgemeinde beim Invalidenhaus auch eine derartige bei der katholischen Kirche des Hauses existierte. Aus ihr entstand die St. Sebastians-Gemeinde. Mit ihrer Bildung verbunden war ein Verbot der weiteren Beerdigung von Katholiken auf dem Invalidenfriedhof.[74] Das traf aber nur auf den katholischen Teil der Zivilgemeinde zu, Angehörige des Invalidenhauses, katholischen Glaubens, wurden auf dem zum Hause gehörenden Friedhof beigesetzt.

Die Unkenntnis über die Größe der Zivilgemeinde, das Nichtbehandeln ihrer Entwicklung und die Tatsache, daß einige für die deutsch-preußische Geschichte wichtigen Personen hier begraben worden waren, hat die Behauptung entstehen lassen, daß ab 1870 auf diesem Friedhof nur noch Militärs bestattet worden seien. Das ist dann in den Publikationen nicht eindeutig bewiesen, aber einseitig gewertet worden. Der ehemalige Kommandant des Invalidenhauses v. Ollech schrieb 1885: *»Ihre (der Zivilgemeinde – d.A.) Teilnahme an dem Invaliden-Kirchhof hörte im Jahre 1870 auf, da derselbe – weil überfüllt – geschlossen werden mußte und von da ab seiner ursprünglichen Bestimmung, die Gräber der Invaliden aufzunehmen, erhalten blieb.«*[75] Dieser knappe Satz muß erläutert werden, da er – in der Regel ohne Quellenangabe – als wichtige Stütze für die Charakterisierung des Invalidenfriedhofs genutzt wird.

Dieser Festlegung gingen umfangreiche Untersuchungen voraus und sie hing eng mit dem Wunsch der Zivilgemeinde nach einer eigenen Kirche und damit auch einem eigenen Friedhof zusammen. Der ganze Vorgang kulminierte in den sechziger Jahren. Am 5. November 1867 hatte sich der Kriegsminister an Staatsminister Mühler gewandt und um Aufklärung über die Rechtsverhältnisse, die auf dem Invalidenfriedhof herrschten, gebeten: *»Ew. Excellenz gestatte ich mir um gefällig baldige Rückäußerung auf mein Schreiben vom 17. Mai d. J., betreffend die Verhältnisse, welche dem Anschlusse einer Civil-Gemeinde an die Kirche des Invalidenhauses hierselbst, sowie der Mitbenutzung des Invaliden Kirchhofs zur Beerdigung der Leichen dieser Gemeinde zum Grunde liegen, ganz ergebenst zu ersuchen.«*[76] Darauf antwortete am 16. November 1867 das Konsistorium der Evangelischen Kirche Berlin-Brandenburg dem Minister Mühler und versuchte, nach dem Studium der Akten Aufklärung zu geben: »... *Es geht indessen daraus hervor, daß der evangelische Geistliche des Hauses von Anfang an Parochialrechte über diejenigen Etablissiments, welche auf den zum Invalidenhause gehörigen Erbpachtgrundstücken errichtet worden, in Anspruch genommen hat, auch ergibt der beiliegende Auszug aus dem Kirchenbuche des Invalidenhauses, daß vom Jahre 1774 an ununterbrochen Trauungen von Civilpersonen der umwohnenden Bevölkerung durch die evangelischen Invalidenhausprediger ohne Dimissioriala verrichtet worden sind. Gegen Ende des vorigen Jahrhunderts, als die Einpfarrung der außerhalb der Landwehren von Berlin erbauten Häuser und die Bestimmung der Parochien für dieselben erfolgen sollte, wurde das Recht des evangelischen Invalidenhauspredigers zur Vornahme von Amtshandlungen bei den Bewohner auf den Ackern des Invalidenhauses errichteten Häusern in Abrede gestellt und von der zur Regulierung der Parochialbezirke der bisher einer bestimmten Parochie nicht zugewiesenen, vor den Thoren von Berlin belegenen Etablissiments niedergesetzten Commission beantragt, daß die vor dem Oranienburger Thor auf dem Territorium des Invalidenhaus erbauten Häuser der Sophienkirche zugelegt werden möchten. Hiergegen erhob der damalige Commandeur des Invalidenhauses, Oberst von Valenti unterm 14. Juni 1804 Einspruch und verlangte, daß die Bewohner der auf dem Grund und Boden des Invalidenhauses belegenen Etablissiments dem Prediger desselben parochialpflichtig bleiben sollten, auf die Bewohner der Häuser in der Nachbarschaft des Invalidenhauses und von Moabit der Parochie des Invalidenhauses zugelegt würden. Der Einspruch des Oberst von Valenti wurde in der erstgedachten Beziehung von dem damaligen Ober-Consistorium für begründet erachtet und demgemäß von letzterem in dem unterm 1. Mai 1806 erlassenen Reglement über die Einpfarrung des Weddings und mehrer Etablissiments vor dem Oranienburger Thor bestimmt, daß alle auf dem Grund und Boden des Invalidenhauses belegenen Etablissements zur Parochie der Kirche des Invalidenhauses gehören sollen. Bei der Abtrennung der vier vorstädtischen Parochien von der Sophienkirche im Jahre 1835 wurde sodann in Gemäßheit der Allerhöchsten Cabinetts-Ordre von 10. März 1835 für die Invalidenhausgemeinde diejenige Begrenzung festgesetzt, welche gegenwärtig noch besteht. Der Anschluß der evangelischen jetzt auf ca. 14 000 Seelen herangewachsenen Civilgemeinde an die Kirche des Invalidenhauses sei sonach fest geordnet und es haben daher die Mitglieder der evangelischen Civilgemeinde, da sie einen integrierenden Theil der Invalidenhausparochie bilden, auf Theilnahme an allen kirchlichen Einrichtungen derselben, insbesondere auch auf die Mitbenutzung des Invalidenkirchhofs einen rechten Anspruch. Letztere ist auch ausdrücklich anerkannt worden in dem § 2 der neuen Kirchhofordnung des Invalidenhauses vom 14. Juli 1850.*

Was ferner das Verhältniß der katholischen Civilgemeinde zum Invalidenhaus anlanget, so ist diese nach dem Bericht des evangelischen Invalidenhauspredigers Hanstein im Jahre 1861 zur katholischen Invalidenhaus (St. Sebstians-)Kirche eingepfarrt worden, besitzt indessen nicht das Recht der Mitbenutzung des Kirchhofes, die Leichen aus derselben werden vielmehr auf dem katholischen Kirchhofe in der Liesenstraße beerdigt, und falls die Beerdigung einer Leiche der katholischen Civil-

gemeinde auf dem Invalidenkirchhof ausnahmsweise stattfinden soll, bedarf es hierzu der speciellen Genehmigung des Königlichen Commandanten des Invalidenhauses.«[77]

Die Militärbehörden wurden vom Invalidenhaus bedrängt, die Beerdigungen von Angehörigen der Zivilgemeinde – nicht von Zivilisten – zu untersagen. Dazu lagen Berechnungen vor, daß bei der hohen Zahl der Angehörigen der Zivilgemeinde und der Liegefristen von 30 Jahren in Kürze kein Platz mehr auf dem Friedhof für die Angehörigen des Invalidenhauses sein werde. Die Zivilgemeinde mühte sich um einen neuen Friedhof in der Seestraße. Aber alle Vorstöße wurden immer wieder von den Behörden abgelehnt. Die räumliche Enge auf dem Friedhof führte nun zu dem Verbot der weiteren Bestattungen von Angehörigen der Zivilgemeinde auf dem Invalidenfriedhof. Diese mußte nun für die Beerdigungen ihrer Angehörigen auf anderen Berliner Friedhöfen einen Platz suchen. Das führte zu neuen Auseinandersetzungen. In einer Ausarbeitung des Konsistoriums vom 4. Mai 1871 hieß es, daß es Schwierigkeiten bei der Wahl des Platzes für Beerdigungen der Angehörigen der Zivilgemeinde gäbe, »... *während wohlhabende Gemeindemitglieder vielfach Ihre Angehörigen auf anderen Kirchhöfen gegen Entrichtung höherer Gebühren beerdigen lassen.«*[78]

Hier lag wohl der Schlüssel zum Verständnis weiterer Entwicklungen. Die Enge des Raumes führte zur Aufhebung des Zwangs, für alle Angehörigen der Zivilgemeinde Platz für Beerdigungen auf dem Invalidenfriedhof bereitzustellen. Aber für Personen, die bereit waren, höhere Gebühren zu zahlen, war die Möglichkeit gegeben, da die Zahl der Invaliden auf der anderen Seite so klein war, daß ihre Bestattungen nicht noch Platz für weitere gelassen hätten. Es waren also auch wirtschaftliche Gründe, die diesen Schritt beeinflußten. Die Einnahmen konnten steigen und Lücken im Haushalt des Invalidenhauses geschlossen werden.

Traditionelle Linienführungen standen einer konsequenten Umsetzung dieser Festlegung von 1870 entgegen. Zum einen waren durch die Existenz der Zivilgemeinde Gewohnheitsrechte entstanden, d.h. Angehörige von verstorbenen und bereits bestatteten Familien drängten auf Beibehaltung bestehender Bindungen. Hier zeigte sich, daß die sich entwickelnde bürgerliche Gesellschaft dem Gedanken der Bildung von Familienbegräbnissen folgte. Zum anderen schuf die Festlegung des Jahren 1870 Möglichkeiten, durch das erwähnte »Einkaufen« auf den Friedhof Gelder zur Bestreitung wichtiger Aufgaben der Gemeinde des Invalidenhauses zu sichern. Nach dem Studium der Totenbücher und Literatur war augenfällig, und das ist möglicherweise eine Besonderheit dieses Friedhofs, daß sich Generationen von Angehörigen einer Familie von Zivilpersonen als auch Militärs hier beisetzen ließen.

Gerade dieser Zustand verdient unsere besondere Beachtung, denn er erklärt viele Wertungen auch in der Gegenwart. Tatsächlich ist es nach Studium der Unterlagen so, daß die hier beigesetzten Personen als Angehörige einer Familie ihre letzte Ruhe fanden und nicht wegen ihrer einst im gesellschaftlichen Leben errungenen Position. Verwiesen sei u.a. auf die Familien von Rauch, Wigankow, von Gayl und andere. Erst anhand eingehender Studien der Totenbücher ist dieser Zusammenhang ersichtlich geworden.

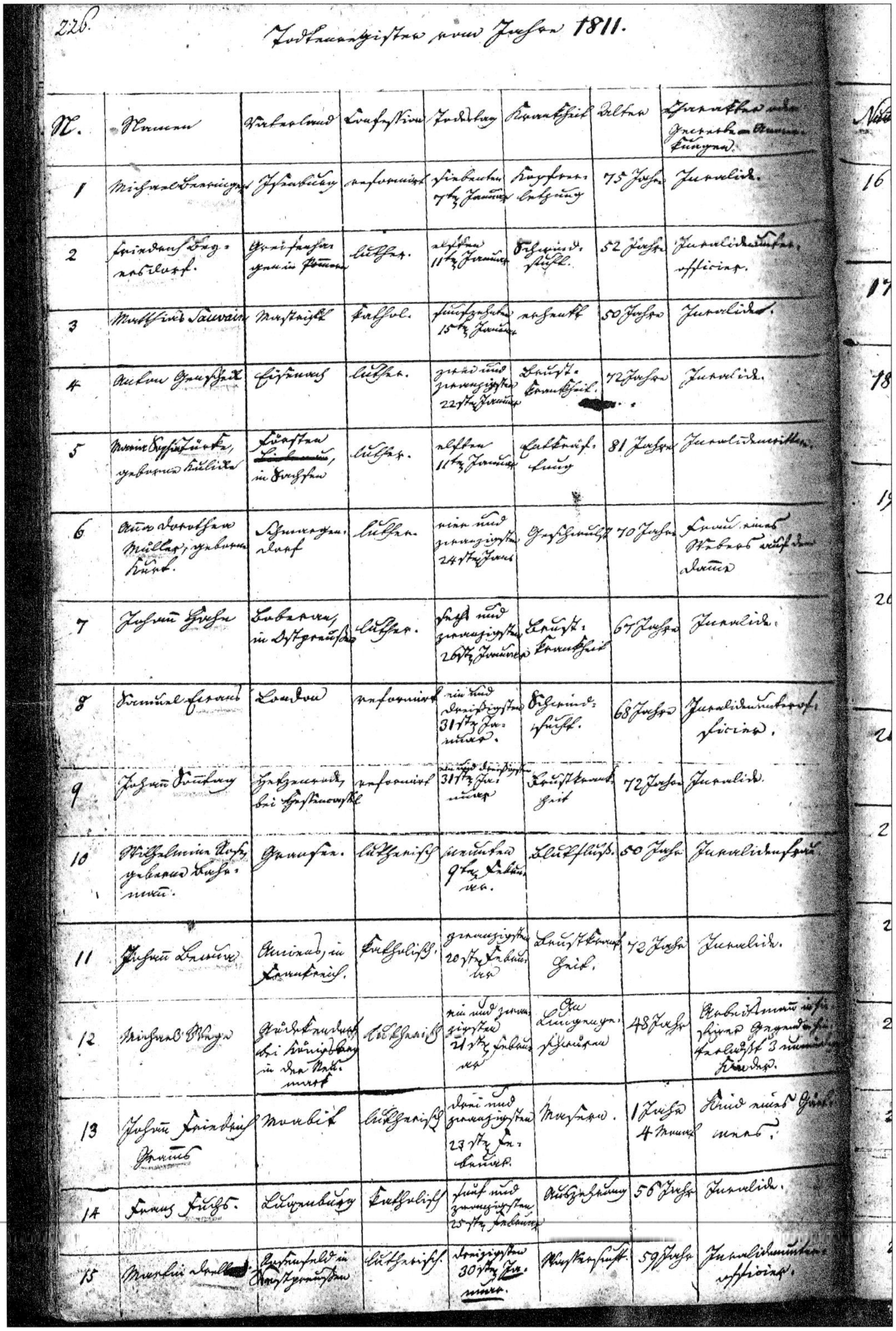

Seite aus dem überlieferten Totenbuch von 1811. (GStPK)

IV. Analyse der überlieferten Totenbücher

Zunächst muß festgehalten werden, daß die Mehrzahl der Totenbücher der Militärgemeinde entweder in Kopie oder im Original erhalten sind. Das Geheime Staatsarchiv Preußischer Kulturbesitz verwahrt diese bis zum Jahre 1918/1919, so daß ein erster Überblick gegeben werden kann. Die Bücher und Akten für die Zeit nach 1919 gelten als verschollen. Es ist zu vermuten – in diese Richtung weisen die Aussagen von Zeitzeugen –, daß sie als Militärakten nach 1945 von der Roten Armee abtransportiert worden sind. Das ist um so bedauerlicher, da die Vorgänge um die Beisetzung von Nazigrößen deshalb nicht im Detail aufgearbeitet werden können.

Die Kirchenbücher der Gnadengemeinde, der einstigen Zivilgemeinde, haben den Krieg überlebt und sind entweder im Original oder in Kopie in den Archiven der Evangelischen Kirche erhalten und teilweise eingesehen worden. Bedauerlicherweise sind auch die entsprechenden Sachakten nicht greifbar, sie gelten als vernichtet bzw. verschollen. Hier muß auf die o.g. Anmerkung verwiesen werden.

Fest steht aber, daß bis zum Jahre 1816 ein gemeinsames Totenbuch existierte, in das Todesfälle und Beisetzungen beider Gemeinden eingetragen worden sind. Aus der Vorbemerkung zu diesem Totenbuch ist zu entnehmen, daß seine Anlage auf der »Paroleausgabe« am 16. November 1785 befohlen wurde. Aus den Generalstammrollen des Invalidenhauses entstand ein unsystematisches Verzeichnis, das bis zum Jahresende 1795 die Namen von 2 165 Angehörigen des Invalidenhauses verzeichnet, die in dieser Einrichtung verstarben.

Zu den erwähnten 2 165 Angehörigen des Invalidenhauses kamen dann in den Jahren von 1786 bis 1811 insgesamt folgende Zahl der Bestattungen:

1786	115	Tote
1787	125	”
1788	55	”
1789	??	”
1790	91	”
1791	70	”
1792	58	”
1793	82	”
1794	79	”
1795	101	”
1796	100	”
1797	82	”
1798	9	”
1799	93	”
1800	80	”
1801	84	”
1802	75	”
1803	63	”
1804	91	”
1805	116	”
1806	82	”
1807	116	”
1808	126	”
1809	100	”
1810	101	”
1811	119	”
Summe	2 338	

Der kursorische Überblick zeigt, daß es sich dabei in der Regel um invalide Soldaten handelte, die ein hohes Alter hatten und an Altersschwäche starben. Es sind kaum Offiziere darunter – ausgenommen die Kommandanten des Invalidenhauses. Eine Eintragung wie »Carl Gottfried von Naumann, 76 Jahre, Leutnant« aus dem Jahre 1805 ist die absolute Ausnahme. Weiterhin zeigen die Eintragungen im Totenbuch, daß die Soldaten der preußischen Armee, die als Invaliden in diesem Hause lebten, aus allen deutschen Ländern, aber auch aus Polen, den Niederlanden, Frankreich usw. kamen. Zwar stellten die Landeskinder die Mehrheit, aber dieser Aspekt ist von nicht wesentlicher Bedeutung. Weiterhin muß vermerkt werden, daß die Zahl der Beisetzungen auch die Familienangehörigen der Invaliden erfaßte.

Für die Jahre 1812 bis 1816 gibt es ebenfalls ein gemeinsames Totenbuch für die Militär- und Zivilgemeinde, allerdings bereits in zwei Abteilungen, d.h. die Trennung war kirchenrechtlich noch nicht vollzogen, aber die Eintragungen erfolgten bereits getrennt. Vom Umfang sind dabei folgende Werte festgehalten:

	Zivilgemeinde		Militärgemeinde	
1812	22	Tote	95	Tote
1813	9	”	66	”
1814	25	”	71	”
1815	20	”	67	”
	76		299	

1816 erfolgte dann die Trennung in zwei relativ selbständige Gemeinden, die gemeinsam alle Einrichtungen der Invalidenhauskirche nutzten, aber kirchenrechtlich langsam auseinandergingen. Für das Jahr 1816 wurden sechs Sterbefälle registriert. Der erste betraf (ohne Vornamen) die frühzeitige Geburt, der Tochter des Arbeitsmannes Stockhausen, die zweite Eintragung die Frau eines verstorbenen Handwerksmeisters. Unter der Nr. 4 wird festgehalten: *»Paulina Ferdinanda Adelgunda Verona Beußel aus Martinique bei Berlin, 2 1/2 Jahre, Tochter des Gutsbesitzers auf Martinique bei Berlin.«* Es folgt dann die Eintragung über ein uneheliches Kind, das bei der Geburt starb. Eintragungen wie sie jedes andere Totenbuch Berlins in ähnlicher Form festhält. Bei »Martinique bei Berlin« handelt es sich um das Gut mit dem späteren Namen Martinikenfelde, und der Besitzer ist der Namensgeber der heutigen Beußelstraße.

Auch die Eintragungen der folgenden Jahre folgten diesem Schema, Menschen der näheren und weiteren Umgebung fanden hier ihre letzte Ruhestätte. Unter den »normalen« Eintragungen des Jahres 1826 findet sich nun die zunächst unverständliche Notiz: *»Gerhard David Scharnhorst, Kgl. Preußischer Generalleutnant, wurde im Jahre 1826 hierhergebracht und den 9. September beigesetzt.«* Die nächste Eintragung lautet: *»August Friedrich Gerhard von Scharnhorst, Kgl Preußischer Major außer Diensten, Ritter des Eisernen-Kreuzes ist bei der Garnisions-Kirche ausgelöst und den 14. Oct. hier begraben worden.«*

Beide Eintragungen im Totenbuch tragen keine Nummern und sind auch im Jahresregister nicht verzeichnet. Es bleibt aber die auf den ersten Blick verblüffende Tatsache, daß der Heeresreformer Scharnhorst nicht als Angehöriger der Militärgemeinde beigesetzt worden ist, sondern seine Beisetzung im Totenbuch der Zivilgemeinde festgehalten worden ist. Ebenso trifft das für den Preußischen Kriegsminister Job von Witzleben zu. Die entsprechende Eintragung lautet: *»Job Wilhelm von Witzleben, Wirklicher Geheimer Staats- und Kriegs-Minister, General-Adjutant Sr. Majestät des Königs und Generalleutnant, 53 Jahre, hinterließ 1 Witwe und 6 Kinder, wohnhaft Leipziger Straße No. 5, nach Auslassung bei der Garnision-Kirche.«*

Derartige Erlaubnisse wurden auch für andere Personen eingetragen. So u a. für Carl Friedrich Wilhelm Brame, Sohn des Drechslergesellen Christoph Bernd Brame, der als Veteran auf dem Invalidenberg in Berlin wohnte. Auch hier stimmte das Preußische Kriegsministerium der Austragung des Kindes aus der Gemeinde der Garnison (Garnisonkirche) zu, und so kam es zur Beisetzung auf dem Invalidenfriedhof; Christoph Brame selbst wurde nach seinem Tode – er war gemeiner Soldat der Befreiungskriege gewesen – dann später auf Feld C beigesetzt. Eine nicht unwesentliche Tatsache, prominente und weniger prominente Teilnehmer der Befreiungskriege wurden am gleichen Ort beigesetzt. Die neuerdings aufgetauchte Bezeichnung eines »Prominentenfriedhofs« wird damit zumindestens relativiert.

Als ein typisches Beispiel für die sich in diesen Vorgängen ausdrückende enge Verflechtung von Staat, Stadt und Militär – nicht als Gegensätze, sondern als

Grabmonument für den General Job v. Witzleben,
nach einem Entwurf von Karl Friedrich Schinkel, Zustand etwa 1940. (Privatbesitz)

Einheit – soll der »Obristlieutnant außer Diensten« David von Kraewel sein, dessen Grabstelle noch nachweisbar ist. Kraewel wohnte in der Friedrichstraße 101 und starb im Jahre 1841. Er gehörte zu den Veteranen des Krieges 1813/1815. Nach seinem Militärdienst engagierte er sich im Eisenbahnbau, wurde Mitglied des Verwaltungsrates und kurzzeitig dessen Vorsitzender bei der Berlin–Frankfurter Eisenbahngesellschaft. Auch er gehörte zur Gemeinde der Garnisonkirche und starb im Alter von 64 Jahren. Er hinterließ eine Witwe und zwei erwachsene Söhne, die ebenfalls – nach Ausweis des Totenbuchs – mit ihren Familien auf Feld C beigesetzt wurden (so z.B. Friedrich Christian von Kraewel); das traf dann auch für deren Kinder und Kindeskinder zu. Der Beweis wird durch das nach 1945 angelegte Sterberegister erbracht.

Als eine weitere wichtige Tatsache muß die Versetzung von Hermann v. Boyen in das Invalidenhaus gesehen werden. In einem Briefentwurf König Friedrich Wilhelm IV. an Boyen heißt es: *»Da Sie wegen Ihrer hohen Jahre und nach mehr als 60jährigen Anstrengungen im Dienste Meines Hauses, den Wunsch um Entbindung von Ihrem Dienste dringend wiederholt haben, so p. p. da ich voraussetzen darf, daß Sie mit Freudigkeit der Armee, zu deren Zierde Sie stets gehörten, auch ferner und so lange Sie leben werden, angehören wollen, worauf ich denselben Werth lege, wie gewiß die ganze Armee, so ernenne ich Sie hierdurch zum Gouverneur des Berliner Invalidenhauses, ...«* Eine Allerhöchste Kabinetts-Ordre, in der Gesetz-Sammlung für die Königlichen Preußischen Staaten machte das Vorgehen öffentlich. Es heißt dort: *»Ich mache dem Staatsministerium bekannt, daß Ich den Staats- und Kriegsminister, General der Infanterie, von Boyen, auf seinen Wunsch von den Geschäften des Kriegsministers entbunden, ... habe. Den General der Infanterie von Boyen habe ich, in Anerkennung seiner ... Verdienste um Mein Königliches Haus und das Vaterland, zum General-Feldmarschall und Gouverneur des Berliner Invalidenhauses ernannt, auch behält er den Charakter eines Geheimen Staatsministers ...«*[79]

Trotz möglicher Wiederholungen, es sei angemerkt, daß sich hinter den »Vereinnahmungen des 20. Jahrhunderts« ein bewußtes Nichtverständnis militär- und kirchenrechtlicher Zusammenhänge verbirgt: Nur die Angehörigen des Invalidenhauses werden in dessen Totenbuch vermerkt, alle anderen Beisetzungen von Militärpersonen werden aus dem Totenbuch der Garnisongemeinde mit Genehmigung des Kriegsministeriums ausgetragen und dann bei der Zivilgemeinde vermerkt; ein Zusammenhang von weitreichender Bedeutung für die Wertung dieses Ortes. Weiterungen sind nach jeder Seite offen, aber es muß das komplizierte Rechtsverhältnis bei allen Bewertungen beachtet werden.

Nach unterschiedlichen Quellen sowie amtlichen und privaten Mitteilungen sind die Totenbücher des Invalidenhauses nach 1945 – wie bereits weiter oben erklärt – vernichtet bzw. abtransportiert worden; sie stehen also der historischen Forschung nicht uneingeschränkt zur Verfügung. Ebenso verhält es sich mit den Unterlagen der Zivilgemeinde, die nach Auskunft des Konsistoriums der Evangelischen Kirche Berlin-Brandenburg im Zweiten Weltkrieg vernichtet wurden. Einzig die Kopien der Totenbücher der Zivilgemeinde, dann Gemeinde der Gnadenkirche, stehen der Forschung zur Verfügung. Ihr Durcharbeiten läßt Einblicke in die kirchenrechtlichen Zusammenhänge zu, die von Bedeutung sind. An Beisetzungen sind darin verzeichnet:

	Zahl der Bestattungen von – Gemeindemitgliedern	aus anderen Kirchgemeinden	darunter u.a. Militärpersonen aus anderen Gemeinden	Invalidenhausgemeinde (Militärs)
1816	6	—	—	70
1817	22	—	—	66
1818	33	—	—	61
1819	17	—	—	67
1820	21	—	—	68
1821	23	—	—	50
1822	31	—	—	51
1823	12	—	—	68
1824	51	2	B. v. Tauentzien Otto v. Pirch	44
1825	52	1	—	46
1826	51	4	G. von Scharnhorst	47
1827	64	4	—	47
1828	71	—	—	38
1829	87	3	—	45
1830	97	3	—	38
1831	103	5	—	42
1832	88	1	—	28

1833	82	4	C. F. Grützmacher Generalpächter	32
1834	112	4	—	32
1835	87	3	—	23
1836	88	3	—	20
1837	94	8	J. von Witzleben	23
1838	124	6	D. v. Pirch	21
1839	118	3	F. v. Brauchitsch	11
1840	125	2	—	18
1841	133	2	—	11
1842	134	4	J. v. Held	8
			H. Graf v. Schlieffen	11
1843	142	1	—	
1844	160	4	C. E. v. Pritzelwitz	29
1845	167	5	—	21
1846	200	11		25
1847	203	8		19
1848	193	13		20
1849	206	23		30
1850	214	22		20
1851	166	18		20
1852	229	32		25
1853	216	18		28
1854	190	15		31
1855	250	23		29
1856	229	19		30
1857	300	23		31
1858	286	29		34
1859	297	20		26
1860	248	24		48
1861	282	20		32
1862	307	23		52
1863	399	31		49
1864	411	30		41
1865	455	34		51
1866	504	33		42
1867	373	31		40
1868	473	23		36
1869	473	34		24
1870	519	??		25
1871	758	??		26
1872	680	??		24
1873	???	??		16
1874	???	??		16
Summe	10051	623		1861

In diesem Zeitabschnitt sind also mindestens 12 535 Personen auf dem Invalidenfriedhof beigesetzt worden.

Die Gesamtsumme erfaßt nicht die Eintragungen in das Totenbuch der Zivilgemeinde des Invalidenhauses für die Jahre 1870, 1871 und 1872. Am 1. März 1870 *»erfolgte das Schliessen des Invalidenkirchhofs für die Civilgemeinde«*, d.h. der Friedhof war überfüllt, und die Militärgemeinde schloß diesen Begräbnisplatz für die Toten der Zivilgemeinde. Die Totenbücher der o.g. Jahre weisen aber weitere Beisetzungen für die Zivilgemeinde aus. So wurden bestehende Grabstellen nicht aufgegeben, Familienangehörige von bereits Bestatteten konnten hier ebenfalls beigesetzt werden und die Möglichkeiten des »Einkaufens« waren weiterhin gegeben. Eine Ausnahme stellten Militärpersonen dar, die der Zivilgemeinde angehörten. Für diese war weiterhin der Friedhof offen. Aus dieser Festlegung des Gouverneurs des Invalidenhauses ist nun in der Literatur die Behauptung entstanden, daß ab 1870 nur noch Militärpersonen auf dem Invalidenfriedhof beigesetzt werden durften. Diese mehr als kühne Interpretation der Quellen ist – wie angeführt – offensichtlich eine der Ursachen für die o.g. unterschiedlichen Wertungen. Aus den Begleittexten der Unterlagen ist nicht herauszulesen, daß diese Festlegung aus der Absicht geboren war, hier eine besondere Betonung in Richtung auf einen »Ehrenhain der preußischen Armee« zu schaffen. Es waren sachliche Gründe, die in der hohen Zahl der Bestattungen auf diesem Kirchhof insgesamt lagen.

Die Zahlen für die Jahre ab 1870 bleiben zunächst unberücksichtigt, das muß einer späteren Forschung überlassen bleiben. Festzuhalten ist aber weiterhin, daß die Totenbücher der Militärgemeinde, die eingesehen wurden, nicht nur Militärpersonen und deren Angehörige verzeichnen, sondern weiterhin Personen aus allen Schichten der Berliner Bevölkerung. Die Toten der Gnadenkirche wurden zunächst überwiegend auf dem Friedhof der St. Johannis-Gemeinde in Reinickendorf, heute Holländerstraße, beigesetzt. Allerdings verzeichnen die Totenbücher ebenfalls zahlreiche Beisetzungen auf dem Invalidenfriedhof; bis zum Jahre 1872 wurde dafür die Bestätigung gefunden.

Bis 1872 sind mindestens 17 443 Personen beerdigt worden, und man kann davon ausgehen, daß sich die Zahl bis 1945 verdoppelt hat. Die Masse der Beigesetzten zählte zur Zivilgemeinde bzw. waren Invaliden. Die

Feld I. Denkmal für die an ihren Kriegsverletzungen gestorbenen Soldaten des Krieges 1866, Zustand 1940/41. (Privatbesitz)

Militärs kamen – wie ausgeführt – durch Festlegung königlicher Behörden oder durch »Einkaufen« auf den Friedhof.

Es ist zu bedenken, daß das Umfeld des Invalidenhauses und damit des Friedhofs während seiner wechselvollen Geschichte eine Entwicklung durchlief, aber das eigentliche Wohnumfeld in seiner sozialen Struktur relativ stabil war. Es wurde durch die hier einst ansässige Industrie, die Wissenschaft und das Militär geprägt. Hier wohnte eine typische Mischbevölkerung, und zu keiner Zeit nahmen Angehörige der höchsten und hohen Schichten der Gesellschaft – bis auf die angemerkten Ausnahmen – hier Quartier. Dementsprechend verhielt es sich mit den Bestattungen. Es lagen und liegen auf dem Friedhof neben den Generälen und Offizieren auch kleine Beamte, Eisenbahner, Maschinenbauer, Arbeiter sowie deren Frauen und Kinder. Dabei blieben die Grenzen fließend. Zu einem großen Teil bewohnten Studenten, Angestellte und Wissenschaftler das Gebiet um die Charité, die Landwirtschaftliche Hochschule, das Naturkundemuseum und das Geologische Landesamt. Die Chausseestraße war proletarisch geprägt, während andere Gebiete eine typisch kleinbürgerliche Wohnbevölkerung verzeichneten.

Der Friedhof war also zu keiner Zeit ein ausgesprochener Militärfriedhof. Es gab bis 1918 die Festlegung, daß die Angehörigen der Berliner Garnison, d. h. alle aktiven und inaktiven Offiziere bei der Garnisongemeinde geführt werden mußten. Demnach wurden bereits im 18. Jahrhundert Angehörige der Berliner Garnison auch auf anderen Friedhöfen Berlins beigesetzt. Die Wertung »Militärfriedhof« trifft also nur auf den Berliner Garnisonfriedhof zu, der zunächst in der

Feld A mit Grabdenkmalen des 18. Jahrhunderts.
Im Vordergrund die Grabstelle des Kommandanten des Invalidenhauses Oberst v. Reineck,
Zustand 1940/41. (LA)

Linienstraße lag. Er genießt heute in seinen wenigen, erhaltenen Teilen Denkmalschutz.

Beim Invalidenfriedhof dagegen handelt es sich um einen typischen Berliner Friedhof, allerdings mit einem starken Anteil beerdigter Militärpersonen, die nicht nur Kriegsinvalide waren. Die Gründe für die hohe Konzentration von Militärpersonen an diesem Ort sind angeführt. Es kann also festgestellt werden, daß der Invalidenfriedhof jenen Ort darstellt, an dem sich das militärische Leben Berlins in besonderer Form repräsentierte. Der Friedhof ist also ein Beisetzungsort sui generis, der den Anteil des Militärs in der Berliner Gesellschaft dokumentiert, ohne zu überwiegen.

Angemerkt werden muß nochmals, daß die Hinterbliebenen der beigesetzten Personen Gebühren zu zahlen hatten, von denen die Gemeinde Teile ihres Unterhalts bestritt. Die Liegefrist betrug dreißig Jahre, Verlängerungen waren möglich, mußten aber ebenfalls individuell getragen werden. Wiederum ein Detail, das gegen den Begriff »Ehrenhain« spricht.

Treuwerth erwähnt 1925 in seiner Veröffentlichung 6 000 vorhandene Grabstellen auf dem Friedhof und zählt für dieses Jahr namentlich auf:

a) Generalfeldmarschälle und Generaloberste	11
b) Kriegsminister	7
c) Admirale	9
d) Generale der Waffengattungen	67
e) Generalleutnants	104
f) Generalmajore	93
g) Militärschriftsteller, Gelehrte Beamte	25.

Weiterhin veröffentlichte er eine Liste von 199 Personen, die im Ersten Weltkrieg gefallen oder in Berliner Lazaretten an ihren Kriegsverletzungen erlegen waren.

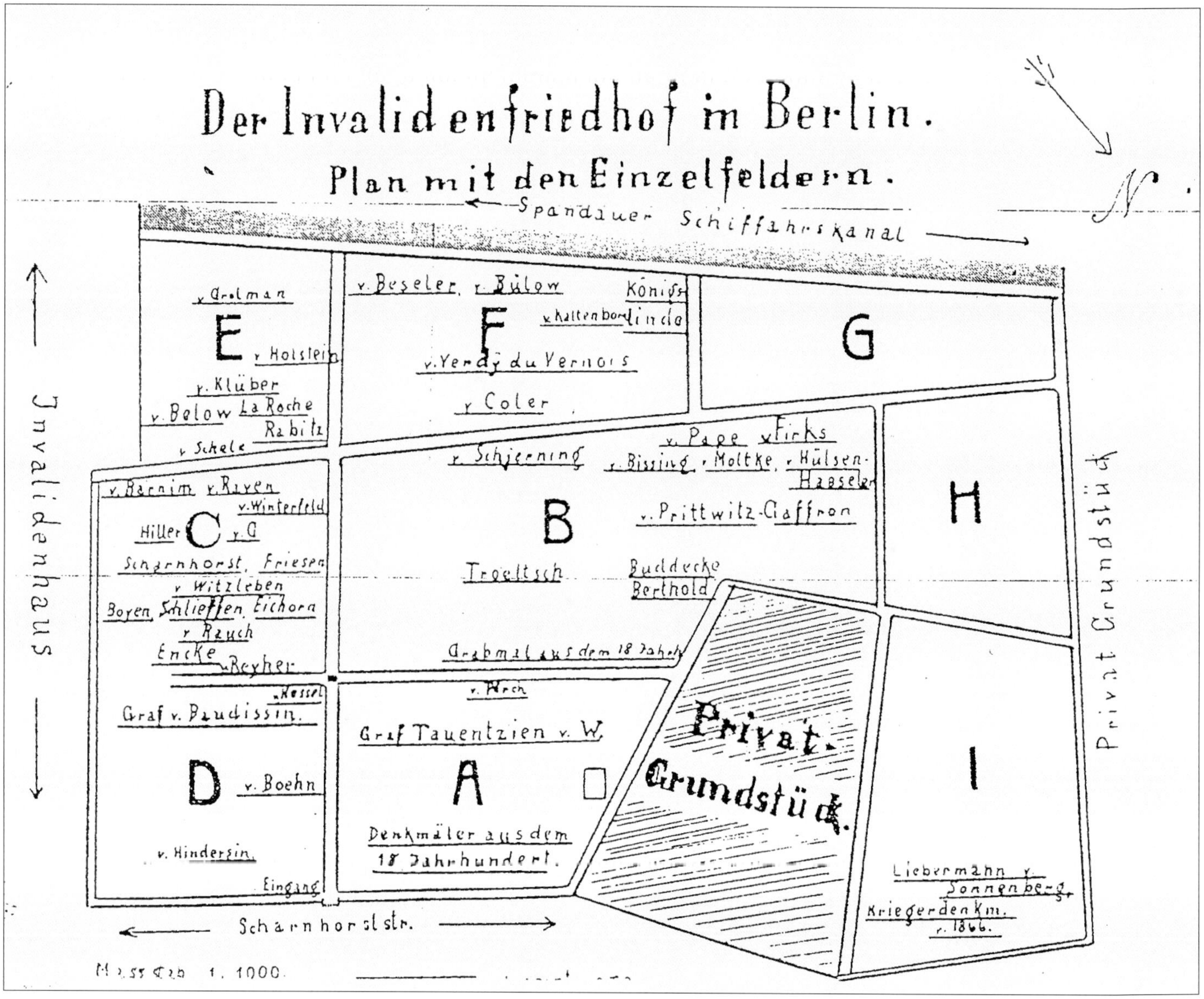

Invalidenfriedhof in Berlin, Plan mit Einzelfeldern, 1925
(aus Trouwerth)

V. Der Invalidenfriedhof im 20. Jahrhundert

Von 1920 bis 1945

Prägend für die weitere Geschichte des Invalidenfriedhofs während der Weimarer Republik wurde die Beisetzung des Rittmeisters Manfred Freiherr von Richthofen, der als erfolgreichster deutscher Kampfflieger in die Geschichte des Ersten Weltkrieges eingegangen war und von Fliegern in vielen Ländern als Idol verehrt worden ist. Er war 1918 in Frankreich gefallen und auf dem Militärfriedhof Fricourt Secteur Albert (Somme) beigesetzt worden. Das Reichswehrministerium setzte sich 1925 dafür ein, daß Richthofen nach Deutschland überführt wurde. Dazu hieß es in einer Ausarbeitung dieses Ministeriums vom November 1925: *»1. Der Reichswehrminister hat es als Ehrenpflicht des Reichsheeres erklärt, die Leiche des 1918 in Frankreich gefallenen und beerdigten Kommandeurs des Jagdgeschwaders von Richthofen, Rittmeister Manfred Frhr. von Richthofen, in die Heimat zu überführen und hier würdig beizusetzen. 2. Die Kosten der Ausführung werden auf das Konto des Reichswehrministers genommen.«*[80]

Reichskanzler war zu diesem Zeitpunkt der parteilose Hans Luther und Reichswehrminister Otto Geßler von der Deutschen Demokratischen Partei.

Für dieses Handeln mag im Hintergrund das neue Verständnis der Reichswehr in der Republik gestanden haben. Der Staat von Weimar mußte mit einer schweren Last leben; die Demokratie war aus der Niederlage im Ersten Weltkrieg hervorgegangen, und diese Tatsache belastete den Staat schwer. Die Niederlage wurde nicht akzeptiert, und die Eliten fühlten sich beleidigt, gekränkt, verstärkt durch die Bestimmungen des Versailler Friedensvertrages. Die Politik der Reichsregierung zielte auf Stabilisierung des Staates und nutzte dazu auch die Überführung und Beisetzung des »erfolgreichsten Jagdfliegers«.[81] Am 12. November 1925 erklärte sich der Reichswehrminister, Otto Geßler, dazu gegenüber dem Reichskanzler: *»Ich habe es für eine Ehrenpflicht des Reichsheeres gehalten, die Überführung und Beisetzung zu übernehmen, und würde es begrüßen, wenn durch die Anwesenheit des Herrn Reichskanzlers bei der Trauerfeier ... eine besondere Ehrung zu teil würde.«*[82]

Dieser verlangte Aufklärung über den Teilnehmerkreis, um die politische Tragweite seiner Teilnahme zu erkennen und einen parteipolitischen Mißbrauch auszuschließen. Am 16. November erklärte sich das Reichswehrministerium: *»Den Verbänden sei für ihre Teilnahme der ganze 19. November, an dem die Leiche in der Kirche öffentlich aufgebahrt sei, vorbehalten. Das Reichswehrministerium habe sich mit der Teilnahme von politischen Verbänden an der Trauerfeier des 10.11. nicht einverstanden erklären können. Außer den vaterländischen Verbänden hätte auch durch den Abg. Freiherr von Richthofen von der Demokratischen Partei das Reichsbanner von der Sozialdemokratischen Partei Genehmigung zur Teilnahme verlangt. In Anbetracht des Erscheinens des Herrn Reichspräsidenten bei der Trauerfeier und der verschiedenen Zwischenfälle bei derartigen Feierlichkeiten in der letzten Zeit könne das Reichswehrministerium die politischen Verbände zu einer Feier, die verantwortlich vom Reichsheer geleitet wird, nicht zulassen.«*[83]

Zustand des Invalidenfriedhofs 1925,
Blick auf das Feld F mit den Gräbern Hans v. Beseler, Verdy du Vernois und Karl v. Bülow.
(aus Treuwerth)

Diese Notiz weist auf den politischen Hintergrund, und schließt eine differenzierte Betrachtung ein, da selbst das sozialdemokratisch geführte Reichsbanner zur Teilnahme an dieser Veranstaltung aufrief, und Luther und Geßler waren nationalistischer Politik in keiner Weise verdächtig. Der Reichskanzler gab seine Zusage, nachdem klar geworden war, daß diese Veranstaltung nicht parteipolitisch mißbraucht wurde. Das Programm für die Trauerfeier und die Beisetzung auf dem Invalidenfriedhof war eindeutig: »*Trauerfeier in der Gnadenkirche. Beginn mit der 1.30 zu erwartenden Ankunft des Reichspräsidenten. Absperrung- und Sicherungsmaßnahmen erfolgen durch Pol. Präsidium im Benehmen mit Kommandantur Berlin.*

Eine Teilnahme von politischen Verbänden sowie das Tragen und Mitführen von politischen Abzeichen ist nicht gestattet.

Für die Trauerfeier in der Kirche werden Karten vom Wehrkr.Kdo.III ausgegeben, desgleichen in beschränkter Zahl (nur Vertreter von Behörden, Abordnungen, pp.) für die Feier auf dem Kirchhof.«[84]

Nach der Beisetzung wurde für das Grab Richthofens ein Denkmal in Form einer liegenden Grabplatte angefertigt. Der Reichsminister des Innern – zu diesem Zeitpunkt Wilhelm Külz von der Deutschen Demokratischen Partei – schrieb am 16. September 1926 an den Reichskanzler: »*Zur Errichtung eines Grabdenkmals für den auf dem Invalidenfriedhof beigesetzten Jagdflieger Manfred Freiherr von Richthofen haben sich das Reich, Preußen und der Magistrat Berlin bereit erklärt, sich an den Kosten mit einem Betrage von je 1 000 RM zu beteiligen. Der Betrag des Reiches ist aus dem Dispositionsfond des Herrn Reichspräsidenten zur Verfügung gestellt worden.*«[85]

Der Ring der Flieger e.V. lud am 18. Oktober 1926 für den 28. Oktober den Reichskanzler – nun Wilhelm Marx – zu »einer schlichten Feier« ein, um den Grabstein seiner Bestimmung zu übergeben.[86] Das wurde Gegenstand der Sitzung des Reichskabinetts – Ministerbesprechung – am 22. Oktober. Das Protokoll hielt fest: »*Der Staatssekretär in der Reichskanzlei berichtete, daß der Ring der Flieger den Herrn Reichskanzler zu einer am 28. Oktober 1926 4 Uhr nachmittags stattfindenden Einweihungsfeier für das nunmehr für Rittmeister Manfred Freiherrn von Richthofen auf dem Invalidenfriedhof errichtete Grabmal eingeladen habe.*

Grabstelle für Manfred v. Richthofen 1976 aufgelassen und in die Familiengrabstätte überführt, Zustand 1956. (BA)

Der Hauptweg zwischen den Feldern B und F auf dem Invalidenfriedhof. Links erkennbar das Mausoleum für den Maurermeister Rabitz, rechts im Bild die Grabstelle Manfred v. Richthofens, Zustand etwa 1942. (BA)

Soweit ihm bekannt sei, sei auch der Herr Reichsverkehrsminister eingeladen worden, nicht jedoch der Herr Reichswehrminister. Der Herr Reichskanzler beabsichtigte nicht, der Einladung zu folgen.

Es bestand Übereinstimmung darüber, daß nur eine Vertretung des Herrn Reichsverkehrsministers in Frage komme.«[87]

Diese Mitteilung erhielt der Ring der Flieger e.V.. Nachzutragen sind die Namen des Reichswehrministers, Otto Geßler, und des Reichsverkehrsministers, Wilhelm Koch, von der Deutschnationalen Volkspartei. Der Vorgang belegt, daß es offensichtlich mehr als schwierig war, die Demokratie durch derartige Veranstaltungen zu festigen.

Nutznießer waren die wenig zur demokratischen Auffassung neigenden alten Eliten. Für sie wuchs die Bedeutung dieses Friedhofs als ein »Denkmal«, ein Wahrzeichen der alten Zeit. Tatsächlich sind die Vorgänge, die zu diesem Schritt der Reichsregierung führten wesentlich komplizierter, vielschichtiger und in gewisser Weise auch schwer durchschaubar. Die Vorgeschichte begann im Jahre 1924 und hing mit dem 10. Jahrestages des Beginns des Ersten Weltkrieges zusammen.

In der Ministerbesprechung der Reichsregierung am 24. Mai 1924 – so das Protokoll unter dem Tagesordnungspunkt: *»Zehnjähriger Jahrestag der Kriegserklärung«* – schlägt der *»Reichsminister des Inneren Dr. Jarres ... vor, diesen Tag durch eine Feier zu Ehren der Gefallenen zu begehen. Man könne dann etwa am 3. August den Verfassungstag und diesen Gedenktag zusammenfassen.*

Reichsminister des Auswärtigen Dr. Stresemann begrüsst diesen Gedanken sehr und empfiehlt dringend die Errichtung einer Säule zur Erinnerung an die Toten.«[88]

Bei aller Auseinandersetzung über sich anschließende, hier nicht zu behandelnde Fragen, darf nicht vergessen werden, daß es bedeutende und international geachtete Vertreter der Weimarer Demokratie waren, die diesen Gedanken zur Debatte stellten. Zögernd wurde die Frage angegangen und am 2. Juli – außerhalb der Tagesordnung – erneut aufgeworfen: *»Der Reichsminister des Innern führte aus, daß der 3. August zum Gedenken an die im Weltkrieg vom Deutschen Volk gebrachten Opfer in Berlin würdig gefeiert werden müsse. Er habe daran gedacht, an diesem Tage den Grundstein eines Nationaldenkmals für die Gefallenen*

Feld C.
Grabstelle für den Leibarzt Friedrich Wilhelms III., Johann Wilhelm v. Wiebel, Zustand 1940/41. (LA)

in Berlin zu legen. Als Platz für dieses Denkmal komme nach seiner Ansicht der Endpunkt der Straße Unter den Linden gegenüber dem Brandenburger Tor in Frage. Das Denkmal könne vielleicht in Gestalt eines Sarkophags errichtet werden, an dem u.a. die Wappen der Länder angebracht würden.«[89]

Der Reichskunstwart Dr. Redslob erweiterte den Vorschlag: *»Das Denkmal stelle er sich als Sarkophag vor, der vertieft angebracht werden müsse und zu dem einige Stufen hinunterführen müssten.«*[90] Eine Idee, die seitdem immer wieder auftauchte. Staatssekretär v. Maltzan hielt allerdings dagegen: *»Außenpolitische Momente sprächen gegen die Feier nicht. Der in Aussicht genommene Platz für das Denkmals erscheine ihm jedoch bedenklich, da das Denkmal gegenüber der französischen Botschaft errichtet werden solle. Das könne gera-*

Feld C.
Grabdenkmal des Generalleutnants Hans Carl v. Winterfeld, Zustand 1940/41 (LA)

Feld B.
Grab für Generaloberst Max v. Prittwitz und Gaffron sowie seiner Ehefrau, Zustand 1940/41 (LA)

de im jetzigen Augenblick als eine Herausforderung im Ausland angesehen werden. Ausserdem sei es zweifelhaft, ob nicht Unruhen entständen und ob die französische Botschaft wirksam geschützt werden könne.«[91] Der Gedanke wurde nicht weiter verfolgt, hatte aber seine Konsequenzen.

Es war nur eine Frage der Zeit, daß mit der Beisetzung Richthofens auf dem Berliner Invalidenfriedhof die Diskussion über die weitere Entwicklung des Friedhofs entbrannte. Die Wochenschrift »Berlin« schlug vor, daß das Ehrenmal für die Toten des Weltkriegs auf dem Berliner Invalidenfriedhof errichtet werden sollte. Der für seinen Friedhof sehr engagierte Inspektor Karl Treuwerth legte seine bereits erwähnte Ausarbeitung über den Friedhof der Öffentlichkeit vor. Die Nähe zur Beisetzung Richthofens sei angemerkt. Ihn müssen aber noch weitere Überlegungen, die eigentlich Nöte waren, zum Handeln veranlaßt haben. Im Blick hatte Treuwerth wohl auch die Tatsache, daß ein Friedhof für Unterhaltung und Pflege Kosten verursacht, die nur durch Gebührenzahlungen der Hinterbliebenen aufgebracht werden konnten. Nun war und ist die Ruhezeit auf einem Friedhof zeitlich begrenzt, und wenn diese Zeit abgelaufen war und niemand die Verlängerung beantragte, wurde die Grabstätte aufgelöst.

Das Jahr 1925 war auch unter diesem Aspekt ein Schnittpunkt. Mehr als die Hälfte der Bestattungen hatten die Liegezeit von 30 Jahren überschritten, d.h. die Nachkommen hätten erneut zahlen müssen. Mögliche Vorwürfe richten sich an die falsche Adresse, denn die Gemeinden konnten und können Friedhöfe nur durch die eingezahlten Gebühren unterhalten. Von der Öffentlichkeit zu fordern, den Ausfall an Einnahmen für die Gemeinde zu kompensieren, war damals weder bekannt, noch im öffentlichen Bewußtsein verankert. Die Vernichtung eines Teils des für die Erinnerung wichtigen Bereichs an diesem Ort war unausbleiblich.

Wer sollte nun zahlen für die abgelaufenen Grabstellen? Die Gemeinde drängte, da durch Neuvergabe Einnahmen zu erzielen waren. Die öffentliche Hand, die sich bisher um einzelne Grabstellen gekümmert hatte, gab es nicht mehr. Es war eine Selbstverständlichkeit, daß weder die Grabstelle von Scharnhorst noch die Grabstellen anderer Persönlichkeiten aufgelöst wurden, aber wer kümmerte sich um die weniger bekannten Bestattungen. Hier sah der sehr engagierte Inspektor Treuwerth offensichtlich seine Chance. Er wandte sich mit einem Brief nach der Beisetzung Richthofens am 28. März 1926 an den Reichskunstwart Dr. Redslob. Dieser, der eine Institution als Einzelperson geworden war, hatte keine Entscheidungsbefugnis, sondern nur eine Meinung, die er engagiert einbringen konnte.

Treuwerth schrieb: *»Aus Pressemeldungen habe ich ersehen, daß der Gedanke eines Ehrenmals für die Helden aus dem Weltkriege festere Formen angenommen hat und daß insbesondere unter Ihrer Leitung einer der vielen vorliegenden Pläne verwirklicht werden soll.«* Treuwerth verweist dann auf den Artikel mit dem Vorschlag, diese Stätte auf dem Invalidenfriedhof einzurichten: *»Die in diesem Artikel geäußerte Meinung erscheint mir in der Tat erwägenswert; haben doch auf dem Invalidenfriedhof die sterblichen Überreste von Helden aller Zeiten insbesondere aber des großen Krieges ihre letzte Ruhestätte gefunden. Erst kürzlich wurden dort noch, wie Ihnen vielleicht bekannt ist, die Leiche Richthofens im Beisein des Herrn Reichspräsidenten beigesetzt. Die reiche Geschichte dieses Friedhofs hat mich zu einer kleinen Schrift veranlaßt; ich gestatte mir, Ihnen anbei ein Exemplar zu überreichen. Der Friedhof bietet eine Fülle von guten Denkmälern der alten und neuen Zeit, und ich möchte hiermit die Bitte aussprechen, wenn es Ihre Zeit erlauben sollte, diesem Heldenhain einen kurzen Besuch abzustatten. Es würde mir eine besondere Ehre sein, wenn ich Sie bei dieser Gelegenheit führen dürfte und ich bitte gegebenenfalls um kurze Mitteillung, damit ich mich zu Ihrer Verfügung halten kann. Mit vorzüglicher Hochachtung.«*[92]

Deutlich wird die Absicht, die drohende Vernichtung dadurch aufzuhalten, daß aus diesem Friedhof eine Erinnerungsstätte werden soll, deren Kosten die öffentliche Hand übernimmt. Redslob ließ am 6. April antworten: *»Für Ihr freundliches Schreiben ... und das gleichzeitig übersandte, uns außerordentlich wertvolle Büchlein möchten wir hiermit herzlich danken. Obwohl nach Beschluß des Reichsratsausschusses Berlin für die Errichtung des Reichsehrenmals nicht mehr in Frage kommt, wird Herr Reichskunstwart Dr. Redslob gern die Gelegenheit wahrnehmen, unter Ihrer Führung den Invalidenfriedhof zu besichtigen. Es wird Ihnen rechtzeitig Nachricht noch zugehen«.*[93] Ob es wirklich zu einem derartigen Besuch kam, läßt sich nicht nachweisen, aber das Schicksal des Friedhofs durch Abräumung eines Teils der Grabdenkmale ließ sich nicht aufhalten.

1940/1941 untersuchte Ernst von Harnack, der zum Kreis der Widerstandskämpfer des 20. Juli gehörte, als Gräberkommissar beim Generalbauinspektor für die Reichshauptstadt erstmalig systematisch alle wichtigen historischen Friedhöfe Berlins und nahm, ausgehend vom vorhandenen Bestand, nach bestimmten Kriterien Grabstellen von historisch wichtigen Personen in Listen auf. Sie sollten als Grundlage für eine Entscheidung für den Erhalt oder die Einebnung im Zuge der Umbauarbeiten Berlins zur »Welthauptstadt Germania« dienen. Vergleicht man diese Listen mit dem nur 15 Jahre vorher von Treuwerth verfaßten Verzeichnis, so stellt man fest, daß die Mehrzahl der 1925 vorhandenen Gräber von Generalen des 19. Jahrhunderts nicht mehr vorhanden waren. Es ist wohl davon auszugehen, daß deren Liegefrist abgelaufen und niemand bereit und in der Lage war, die Kosten für eine Verlängerung zu tragen.

Leider sind zu wenig wertende Unterlagen von Harnack überliefert, aber es sei die These gewagt, daß er von dem »Ruf« als bedeutender Friedhof ausging und feststellen mußte, daß das Ergebnis sehr »mager« war. Wie ist es sonst zu verstehen, daß Major v. Zychlinski in die Liste aufgenommen wurde, nur weil er die Bibel in Blindenschrift übertragen hatte. Der wenige Schriftverkehr darüber ist aufschlußreich, und sieht man sich das Verzeichnis von Treuwerth an, der mit Namen noch aus dem »vollen« schöpfen konnte, wird verständlich, daß die objektiven Kriterien – Ablauf der Liegefristen – stärker waren als Wünsche und Absichten.

Feld B.
Der Grabstein für Generaloberst Alexander v. Pape liegt auf einem anderen Grab, offensichtlich wurde das Grab nach Ablauf der Liegefrist nach 1925 beseitigt, der Grabstein aber aufgehoben, Zustand 1940/41. (LA)

Feld C.
Grab des Inspekteurs der Artillerie August Encke, Zustand 1940/41. (LA)

Weiterhin stellte Harnack fest, daß im Jahre 1940 3 000 Bestattungen vorhanden waren. Er verweist auf die Existenz von 200 Erbbegräbnissen, 2 200 Wahlstellen, etwa 500 Reihengräbern und etwa 100 Urnengräbern. Geht man – nach Treuwerth – von 6 000 Grabstellen im Jahre 1925 aus, muß nach 1925 eine sehr große Einebnungsaktion stattgefunden haben. Zu Bedenken ist, daß zwischen 1925 und 1940 weitere Bestattungen stattgefunden haben. Harnack verwies weiterhin auf 1 300 freie Stelle und 10 Stellen für Urnengräber. Aus seinen Unterlagen geht hervor, daß

1939 83
1940 95 und
1941 73 Bestattungen stattgefunden haben.

Anlaß für die Tätigkeiten Harnacks auf dem Invalidenfriedhof kann auch die Absicht gewesen sein, diesen Friedhof gänzlich aufzugeben, im Rahmen der Umgestaltung Berlins zur »Welthauptstadt Germania« aufzulösen und mit einem großen Wasserbecken zu überziehen. Das Deutsche Nachrichtenbüro verbreitete unter dem Datum vom 27. Januar 1938 eine »Darstellung des Generalbauinspektors für die Reichshauptstadt, Professor Speer« unter dem Titel »Das Programm für die Neugestaltung Berlins«. In ihm hieß es zu dem Gelände, auf dem der Invalidenfriedhof liegt: *»Vor dem Nordbahnhof (gemeint ist der geplante, nicht der damals noch bestehende – d.A.), räumlich das Ende der großen Straße wird zwischen Bahnhofsvorplatz, der*

Blick über das Feld E mit der Grabstelle für Generaloberst Max Hoffmann, Verhandlungsführer bei den Friedensverhandlungen in Brest-Litowsk, Zustand 1940/41. (LA)

neuen Straße, Invalidenstraße und den Militärbauten auf dem bisherigen Eisenbahngelände eine große Wasserfläche von 1 200 Metern Länge und 500 Metern Breite entstehen. Die Anlage dieses Wasserbeckens, durch das der Spandauer Schiffahrtskanal führt, war durch eine Schlammmulde eiszeitlicher Ablagerungen von mehr als 25 Metern Tiefe bedingt, die eine Bebauung nicht als ratsam erscheinen ließ.«[94] Es war daran gedacht, ein Teil der auf dem Invalidenfriedhof bestatteten Militärpersonen in eine neuzubauende Soldatenhalle zu überführen und andere umzubetten.

Das nach 1945 neu angelegte Verzeichnis weist ebenfalls auf Einebnungen auf Grund des Ablaufs der Liegefristen und auf Verlängerungen der Fristen hin: ein Vorgang, der mit den eingangs angemerkten Wertungen wohl kaum in Einklang zu bringen ist und für die Wertung als Friedhof sui generis mit militärischem Einschlag spricht. Der Friedhof gehörte seit 1920 zu keiner Kirchgemeinde mehr, nur mittelbar hatte die Gnadenkirche einen gewissen Einfluß. Die Verwaltung des Friedhofs war der Stiftung des Invalidenhauses angeschlossen, wurde also von einer Hausverwaltung vorgenommen und diente dem Zweck, durch die Einnahmen des Friedhofs eine Deckungslücke im Etat zu schließen. Ohne zentrale Absicht führte das dazu, daß jeder, der die Kosten tragen konnte, sich an diesem Ort einkaufen konnte. Auf Grund der Geschichte und wegen der hier beigesetzten Personen setzte sich in einem Teil der alten Eliten des Kaiserreichs und hierbei insbesondere beim Militär der Gedanke durch, hier

Feld B. Grab der Familie des Kriegsministers, Generaloberst Josias v. Heeringen, Zustand 1940/41. (LA)

Grab des Pioniers der Luftfahrt, Georg v. Tschudi, Zustand 1940/41. (LA)

seine letzte Ruhestätte zu suchen und zu finden. Das war aber nicht nur auf das Militär beschränkt.

Überblickt man die Geschichte des Invalidenfriedhofs unter dem Aspekt der Nutzung für politische und propagandistische Zwecke, bleibt die Frage offen, wie diese Nutzung in konkreten Formen organisiert werden konnte, dazu fehlt bis heute jeder Beleg. Eine derartige Nutzung war und ist stets mit Kosten verbunden, die dann nicht mehr von den Familien aufzubringen waren, sondern durch staatliche oder städtische Stellen getragen werden mußten. Im konkreten haben wir gesehen, daß das Invalidenhaus dem nichts entgegenstellen wollte, aber die Friedhofsgebühren wurden für Pflege und Unterhalt des Friedhofes sowie die Gehälter gebraucht. Also mußte jede Entscheidung über den Erhalt eines Grabmals zugleich die Frage beantworten, wer die Kosten dafür trägt. Eine Ausnahme machten die Grabstellen der Kommandanten des Invalidenhauses sowie das Grabdenkmal für den General von Rohdich. In diesen Fällen trug das Invalidenhaus die Kosten selbst.

Es hat immer wieder Vorstöße gegeben, Grabdenkmale wichtiger Personen, die auf dem Invalidenfriedhof beigesetzt waren, für die Nachwelt zu erhalten. Dem Jahr 1882 scheint dabei eine besondere Bedeutung zuzukommen. Am 3. Oktober wurde durch das Gouvernement Berlins die Restaurierung des Denkmals des Generals von Scharnhorst angeordnet. Es hatte unter den Witterungseinflüssen gelitten. Auf Anregung des Preußischen Kriegsministeriums sollte die

Feld D. Familiengrab des Musikers Carl Frese, Zustand 1940/41. (LA)

Feld C. Sarkophag für Generaloberst Hans v. Seeckt, Zustand 1940/41. Die Platte wurde zerstört. (LA)

Familie von Scharnhorst angeregt werden, die Kosten zu tragen. Es stellte sich heraus, daß diese Familie verarmt und nicht in der Lage war, die Mittel aufzubringen. Hier mußten die militärischen Institutionen einspringen. Dieser an und für sich nebensächliche Vorgang wirft ein bezeichnendes Licht auf die bereits angemerkte Tatsache, daß hier zwar herausragende Vertreter des alten Preußen begraben wurden, diese aber über nur geringe Finanzen verfügten. Die Restaurierung erfolgte im April 1883 und führte dazu, daß auch der bauliche Zustand der anderen Grabstätten überprüft wurde.

Im Jahre 1883 forderte das Kriegsministerium das Gouvernement von Berlin auf, den Zustand der Denkmäler und Grabsteine der auf dem Invalidenfriedhof ruhenden, höheren Offiziere zu prüfen und sich dazu zu äußern. Die Anfrage richtete sich auf ein anzulegendes Verzeichnis von *»Grabdenkmälern ehemaliger Offiziere, welche:*

a) seiner Zeit auf Staatskosten errichtet sind, deren Unterhaltung also dem Staate zufällt, oder
b) bei denen die Unterhaltung als eine Ehrensache des Staates anzusehen ist.«[95]

Diese Aufstellung lag im Sommer 1883 vor und verzeichnete folgende Namen:

»1. Generallieutnant und Kriegsminister v. Witzleben,
2. Generallieutnant v. Köckritz
Beide Denkmäler von Sr. Majestät dem Könige Friedrich Wilhelm III. errichtet.
3. Generallieutnant und Generaladjutant v. Rauch; das Denkmal errichtet von

Steinplatte auf dem Grab des Generalfeldmarschalls
Alfred Graf v. Schlieffen,
Zustand 1940/41. (LA)

Feld B. Grab des Theologen Ernst Troeltsch,
um 1940. (Privatbesitz)

Sr. Majestät dem Könige Friedrich Wilhelm IV.
4. *General der Infanterie Graf Tauentzien v. Wittenberg,*
5. *General der Infanterie Baron du Moulin,*
6. *General v. Wolzogen,*
7. *General der Infanterie v. Lossau,*
8. *General der Infanterie v. Schöler,*
9. *General der Infanterie v. Reiche,*
10. *General der Infanterie Hiller v. Gärtringen,*
11. *General der Cavallerie v. Reyher,*
12. *Generallieutnant v. Klüx,*
13. *Generallieutnant v. Schlieffen,*
14. *Generallieutnant Encke,*
15. *Generallieutnant v. Borke,*
16. *Generallieutnant v. Kawecynski,*
17. *Generallieutnant v. Gagern,*
18. *Generalstabsarzt der Armee und Leibarzt Sr. Majestät Dr. v. Wiebel,*
19. *Generalmajor und Commandant des Invalidenhauses v. Tschammer und Osten,*
20. *Generalmajor und Commandant des Invalidenhaues v. Schenck,*
21. *Oberst und Commandant des Invalidenhauses v. Diezelsky,*
22. *Oberst und Commandant des Invalidenhauses v. Reineck,*
23. *Oberst und Commandant des Invalidenhauses v. Arnim,*
24. *Oberst und Commandant des Invalidenhauses v. Valenti«*[96]

Feld B.
Grabdenkmal für den Admiral Ludwig v. Schröder, Zustand 1956. (BA)

Die Renovierung dieser Grabdenkmäler wurde vom Preußischen Kriegsministerium veranlaßt, und die Kosten beliefen sich auf 2 864,45 Mark. Auch diese Denkmale fielen z.T. unter die Abräumungsaktion der Jahre nach 1925, so verschwanden u.a. die Grabstellen von Klüx und von Gagern. Sie sind nach 1925 nicht mehr nachzuweisen. In den Fällen, in denen die Familien oder Institutionen – z.B. die Jerusalemer Gemeinde im Falle des Pastor Schulze, »Tränen-Schulze« – die Kosten übernahmen und die Verlängerung der Liegefristen bezahlten, blieben die Grabstellen erhalten. Eine zentrale Vorgabe oder eine Absichtserklärung staatlicher Stellen zum Erhalt dieser oder jener Anlage ist bisher nicht nachweisbar.

Bis 1918 gab es nur wenige Veröffentlichungen über den Invalidenfriedhof; er stand nicht im Mittelpunkt des Interesses. Hier sind einige Artikel in der Zeitschrift »Soldatenfreund« und ein weiterer in den »Mitteilungen des Vereins für die Geschichte Berlins« zu nennen. Alle betonen zwar die Beisetzungen von Militärpersonen, verweisen aber auch zugleich auf die zivile Nutzung. Die Vereinnahmung des Friedhof von konservativer Seite geschah erst nach 1918 und unter eindeutig politischem Aspekt, der die Beisetzung von Militärpersonen auf diesem Friedhof einseitig betonte und überzog. Das Verzeichnis der Bestattungen auf dem Invalidenfriedhof bzw. der Vergleich über die Jahrzehnte belegt diesen Vorgang letztendlich. Die neuerdings aufgetauchte Bewertung »Prominentenfriedhof« wird durch die überlieferten Verzeichnisse nur in einem ganz eingeschränkten Maße getragen. Eigentlich trifft sie bedingt nur für die Zeit 1813/1815 und – wie ausgeführt – nur für einen kleinen Personenkreis zu.

Etwa 400 Generale waren einst auf ihm bestattet, und das bei insgesamt mehr als 30 000 Bestattungen. Eine derart hohe Zahl von Bestattungen von Generalen ist sonst auf keinem anderem Friedhof in Berlin nachzuweisen. Aber auch diese Aussage relativiert sich, denn auf dem alten und dem neuen Garnisonfriedhof sind ebenfalls in hoher Zahl Militärpersonen beigesetzt worden. Auf dem fast ebenso alten Garnisonfriedhof in der Linienstraße waren – bei Einbeziehung der in der ehemaligen Garnisonkirche bestehenden Grabgewölbe – eine durchaus vergleichbare Zahl von Generalen beigesetzt. Hier haben ebenfalls größere Einebnungsaktionen stattgefunden, und beim Abriß der Ruine der Garnisonkirche sind aus der Gruft mehr als 100 Generale der preußischen Armee nach Bornstedt überführt worden.

Interessanterweise spielten und spielen die angegebenen Orte und die dort beigesetzten Personen in den Auseinandersetzungen seit den zwanziger Jahren unseres Jahrhunderts keine Rolle mehr. Das mag auch daran liegen, daß alle diese Orte in Ost wie in West in einem anderen, besseren Zustand bzw. nicht mehr vorhanden sind, wesentlich aber ist die einseitige Tendenz der Vereinnahmung des Invalidenfriedhofs seit mehr als siebzig Jahren. Darüber hat es nie – insbesondere auch nicht in der DDR – eine klärende Auseinandersetzung gegeben.

Feld C. Grabstelle des Reichsministers für Bewaffnung und Munition, Dr. Fritz Todt, Zustand 1956. (BA)

Gegen die Überführung Gerhard von Scharnhorsts von Prag nach Berlin gab es heftigsten Widerspruch von den altpreußischen Kreisen. Denen galt dieser Mann als »Revolutionär«, der eine besondere Würdigung nicht verdient hatte, zumal er im Krieg kein Kommando geführt hatte. Der alte Vorbehalt des Truppenoffiziers gegen den Stabsoffizier artikulierte sich und wandte sich – das Beispiel Adolph von Lützow wurde angeführt – gegen eine möglicherweise bestehende Absicht einer besonderen Betonung. Weiterhin muß angeführt werden, daß ohne das Verständnis der Tatsache, daß es nach 1815 eine bis dahin nicht gekannte und auch später nicht wieder erreichte Übereinstimmung zwischen Herrschenden und Volk gab, die Entwicklung des Gedankens eines Campo Santos beeinflußte. Denn hier wurden nicht nur Generale sondern auch Truppenoffiziere der Reserve und Soldaten, die an den Kämpfen 1813/1815 teilgenommen hatten, beigesetzt. Die Entscheidung, sich hier beisetzen zu lassen, war vollkommen freiwillig, es gab keinen staatlichen Druck.

Untersucht man die Bestattungen und die »Nutzung« des Friedhofes in den Jahren nach 1933 hinsichtlich seiner Bewertung als »Nazifriedhof«, ergibt sich ein widersprüchliches Bild. Tatsächlich sieht es auf den ersten Blick so aus, als ob die NS-Machthaber in Anknüpfung an die Geschichte Preußens mit diesem Friedhof etwas Besonderes planten. Das begann mit der Beisetzung des SA-Sturmführers Hans Maikowski vom Charlottenburger SA-Sturm 33, der sich im übrigen selbst der »Mördersturm« nannte, im Februar 1933. Die Gründe dafür sind in den Akten bisher nicht zu greifen, es hing aber möglicherweise damit zusammen, das »neue und junge« Deutschland mit den Traditionen Preußens verbinden zu wollen. Hier ist auf den »Tag von Potsdam« und seine politische Absicht zu verweisen. Als erste herausragende Aktion ist das Staatsbegräbnis für Admiral Ludwig von Schröder (»Der Löwe von Flandern«) zu werten, der im Jahre 1933 im Beisein von Hitler und Hindenburg beigesetzt wurde. Dieser Aktion folgten zunächst keine weiteren.

Es kann nicht Gegenstand der Untersuchung sein, die einseitige Rezeption Preußens in den Jahren 1933–1945 darzulegen. Verwiesen werden soll nur darauf, daß fast ausschließlich die militärische Seite der Geschichte und die Entwicklung der inneren Kolonisation selektiert wurde. Hierfür bot der Friedhof scheinbar eine besondere Möglichkeit. Tatsächlich aber zeigte

Grabkreuz für Oberst Werner Mölders, Zustand 1956. (BA)

sich, daß die Geschichte Preußens nicht mit den Zielen der NS-Diktatur in Einklang zu bringen war.

Entfernt wurden die Gräber der Therese von Barnim und Sohn, die wegen ihrer jüdischen Herkunft (Heirat mit einem Mitglied des Hauses Hohenzollern) nicht in das vermittelte Bild paßten. Einige der Bestatteten sollten in prunkvollen Särgen in die für die »Welthauptstadt Germania« geplante zukünftige »Halle der Soldaten« überführt werden Das zerschlug sich u.a. auch deshalb, weil hier außer den Toten der Befreiungskriege keine »überragenden Persönlichkeiten« bestattet waren, die in das von den Nazis entworfene Bild Preußens gepaßt hätten. Es gab zwar Aktivitäten, aber keine Entscheidungen darüber, diesen Friedhof aufzuwerten, unter Schutz zu stellen und durch »Weiheaktionen« zu ideologisieren. Das Bild, das der Friedhof durch die Bestattungen bot, paßte genau so wenig wie die preußische Geschichte in die aktuellen Zielstellungen.

Auch wenn noch keine abschließende Bewertung der hier in den Jahren 1933 bis 1945 bestatteten Personen gegeben werden kann, soll auf einige verwiesen werden, die auf den ersten Blick den Begriff »Nazifriedhof« scheinbar bestätigen. Es sind auch Militärs aufgeführt, die während des Zweiten Weltkrieges an unterschiedlichen Orten starben und für die der Schutz der internationalen Konvention zutrifft. Die Aufstellung erhebt noch keinen Anspruch auf Vollständigkeit, und es sind auch Personen aufgeführt, die nur im weitesten Sinne mit der NS-Zeit verbunden waren oder durch ihre »völkischen« bzw. »rassistischen« Schriften u.U. eine derartige Wertung tragen könnten. Neben dem bereits angeführten Hans Maikowski können genannt werden:

1. Becker, Karl, General der Artillerie, Chef des Heereswaffenamtes, gest. 1939,
2. Bundrock, Conrad, Oberarbeitsführer beim RAD, gest. 1938,
3. Fürstner, Wolfgang, Kommandant des Olympischen Dorfes, gest. 1936,
4. Heydrich, Reinhard, SS-Obergruppenführer und General der Polizei, Chef der Sicherheitspolizei und des SD, 1942 Opfer eines Attentats,
5. Liebermann von Sonnenberg, Parlamentarier, Mitbegründer der Christlich Sozialen Partei des Hofpredigers Stoecker, der durch seine antisemitischen Ausfälle berüchtigt wurde, gest. 1911,
6. Meerscheidt-Hüllessem, Wilhelm Freiherr von, Präsident des Rechtskollegs beim Reichsarbeitsdienst, gest. 1938,
7. Meusel, Ernst, Konteradmiral, Mitarbeiter des Reichsbischofs Müller (Deutsche Christen), gest. 1933,
8. Mölders, Werner, Oberst der Luftwaffe, gef. 1941,
9. Müller von Haussen, Ludwig, Pseudonym Gottfried Borck, Verfasser der »Protokolle der Weisen von Zion«, gest. 1929,
10. Reichenau, Walter von, Generalfeldmarschall, Oberbefehlshaber verschiedener Armeen, 1941/42 Oberbefehlshaber einer Heeresgruppe, gest. 1942,
11. Scheele, Alexander, Luftattaché bei der Deutschen Botschaft in Spanien, gest. 1938.

12. Spiller, Eberhard, Luftattaché in Norwegen, gest.1940,
13. Todt, Fritz, Reichsminister für Bewaffnung und Munition, Unfall 1942,
14. Udet, Ernst, Generalluftzeugmeister (»Des Teufels General«), Selbstmord 1941,
15. Rudolf Schmundt – General der Infanterie, »Chefadjutant der Wehrmacht beim Führer«, beim Attentatsversuch Stauffenbergs am 20. Juli 1944 in Rastenburg umgekommen,
16. Wecke, General der Polizei, Leiter der Polizeiabteilung Wecke, die 1933 in Berlin besonders brutal bei der Verfolgung politischer Gegner auftrat, gest. 1944.

Grabstelle des Generalluftzeugmeisters Ernst Udet – des Teufels General –, Zustand 1956. (BA)

Selbst bei diesem weitgezogenen Personenkreis, deren Biographien unterschiedlich sind und bei denen in Einzelfällen die Stellung zum NS-System widersprüchlich bleibt, zeigt sich, daß der Begriff »Nazifriedhof« als nicht zutreffend abgelehnt werden muß. Zu den in den Jahren 1933 bis 1945 beigesetzten Personen zählt der SS-Obergruppenführer und Chef der Sicherheitspolizei und des SD, Reinhard Heydrich, der in die Geschichte als einer der größten Massenmörder eingegangen ist. Nach einem Staatsakt in der Prinz-Albrecht-Straße wurde er hier beigesetzt. Diese Tatsache scheint die Wertung eines »Nazifriedhofs« zu tragen. Es soll angemerkt werden, daß nicht daran gedacht war, Heydrich eine längere Liegezeit an diesem Ort zuzugestehen. Nach den obskuren Ideen des »Totenkultes« in der SS sollten vom Gruppenführer an aufwärts die SS-Angehörigen in einem besonderen »Totenhain« später beigesetzt werden. Die Beisetzung Heydrichs an diesem Ort muß als eine »Verlegenheitslösung« angesehen werden. Es war zu keinem Zeitpunkt vorgesehen, an diesem Ort eine besondere Konzentration von NS-Größen anzustreben. Es gibt andere Friedhöfe in Berlin, auf denen besonders aktive NS-Politiker in wesentlich höherer Zahl anzutreffen sind. Verwiesen sei hier auf den Friedhof von St. Marien und Nikolai, auf dem u.a. Horst Wessel beigesetzt wurde.

Allerdings ist die Beisetzung Heydrichs, dessen sterbliche Überreste nicht entfernt wurden, eine besonders schwere Last, die auf diesem Ort liegt. Sie gestaltet den Umgang mit diesem Ort besonders kompliziert und wirft Probleme auf, die einer langfristigen Beratung bedürfen. Eine Exhumierung kommt ebenso nicht in Frage wie eine besondere Hervorhebung. Möglicherweise ist die Nichtbeachtung ebenfalls nicht hilfreich, aber die Öffentlichkeit wird ihre Forderung nach einem klugen Umgang auch mit diesem Teil der Geschichte formulieren.

Die Beisetzung Heydrichs gab Anlaß zu einigen Aktivitäten seitens der NS-Führer zur Frage der Beisetzung und Beisetzungsorte. Am 6. Juni 1942 teilte Reichsleiter Martin Bormann dem Chef der Reichskanzlei Lammers folgendes dazu mit: »Nach dem Ableben des Parteigenossen Reinhard Heydrich fand am 4.6.1942 zwischen dem Führer und dem Reichsführer-SS Himmler eine Rücksprache statt, in welcher der Führer bestimmte, Heydrich solle zunächst in Berlin beerdigt werden, später solle er dann in der zu erbauenden großen Halle beigesetzt werden.

Reichsminister Dr. Todt werde nicht in dieser Halle beigesetzt; ihm wolle der Führer ein gewaltiges Grabmal auf dem Irschenberg (Reichsautobahn München–Chiemsee) errichten.

Bei dieser Gelegenheit betonte der Führer, die Trauerfeiern (Staatsakte) sollten nie im Freien stattfinden, sondern grundsatzlich in geschlossenen Raumen, damit nicht die Feierlichkeit durch plötzlich einsetzenden Platzregen oder dergleichen gestört würde.

Der Führer beabsichtigt, wie Sie wissen, die großen deutschen Heerführer in der Soldatenhalle, andere große Deutsche in den zu erbauenden Berliner und Münchner Hallen beizusetzen. Grundsätzlich sollen – und dies will der Führer mit einem umgehend vorzulegenden Erlaß anordnen – die Frauen später neben ihren Männern beigesetzt werden.

Beispiel: Frau v. Scheubner, die Gattin des am 9.11. 1923 an der Feldherrnhalle gefallenen Parteigenossen, wird nach ihrem Ableben in einer Gruft, die der Führer am Fuße von einem der beiden Münchner Ehrentempel bauen ließ, beigesetzt werden.

Damit diese Frage künftig nicht anders behandelt werden wird, wünscht der Führer Festlegung in einem Führer-Erlaß.«[97]

Dem Schreiben beigefügt war der Entwurf für einen »Erlaß des Führers über die Beisetzung hervorragender Deutscher«. Da das in den Akten überlieferte Exemplar nicht unterschrieben oder beglaubigt ist, kann über die weitere Entwicklung gegenwärtig nichts gesagt werden. Der Entwurf hatte folgenden Wortlaut: »Es ist mein Wille, daß Deutsche, die sich um das Deutsche Reich in besonderem Maße verdient gemacht haben, künftig in Ehrenhallen beigesetzt werden. Es wird dem Wunsch dieser Männer entsprechen, daß ihre Frauen, die ihnen im Leben treu zur Seite gestanden haben, auch im Tode von ihnen nicht getrennt werden. Ich bestimme daher: Wird ein Deutscher in einer Ehrenhalle beigesetzt, so ist Vorsorge dafür zu treffen, daß neben ihm ein Platz für die Beisetzung seiner Gattin freigehalten wird.«[98]

Dieser Vorgang wurde durch die Zerschlagung des NS-Staates gegenstandslos, eine Wirkung auf den Invalidenfriedhof hat die Festlegung nicht gehabt. Es ist festzuhalten, daß trotz aller anderen Behauptungen, Politiker und Militärs, die in den Jahren 1933 bis 1945

Sarkophag für Generaloberst Werner Freiherr v. Fritsch, Zustand 1956. (BA)

Grabdenkmal für Olga und Helmuth Wilhelm Graf und Gräfin von Hardenberg, Zustand 1956. (BA)

Der Mittelteil des Invalidenhauses nach den Kriegszerstörungen. Die Fassade der Kanalseite zeigt deutlich Spuren von Artillerietreffern. Die Inschrift und der plastische Schmuck sind noch erhalten, ihr weiteres Schicksal unbekannt, um 1948. (LD)

aktiv waren und in dieser Zeit starben, dezentral an Orten um Berlin herum beerdigt wurden. Verwiesen sei u.a. auf den Friedhof in Stahnsdorf, auf dem z.B. General Walther Wever, der in der Luftwaffe das Konzept eines Fernbombers für den Krieg (»Uralbomber« genannt) entwickelte, in einem Staatsakt beigesetzt wurde.

In anderer Hinsicht stand die Nutzung des Invalidenfriedhofs in der Zeit des Zweiten Weltkriegs im Blickpunkt der Öffentlichkeit. Nach dem Selbstmord des Generalluftzeugmeisters, Ernst Udet, erfolgte seine Beisetzung nach einem Staatsakt in Anwesenheit Hermann Görings auf dem Invalidenfriedhof. Das war wohl der Tatsache geschuldet, daß Manfred von Richthofen an diesem Ort begraben lag. Udet fand dann auch seinen Platz in dessen Nähe. Auch Werner Mölders, der während des Flugs zur Beisetzung Udets verunglückte, fand an dieser Stelle seine letzte Ruhe. Die Luftwaffe wollte möglicherweise einen herausragenden Platz für ihre toten Angehörigen schaffen, aber angesichts von Planungen für eine spätere »Weihestätte« an einem anderen Ort, bleibt die Frage, ob solche Absicht überhaupt bestanden haben kann.

Zur widersprüchlichen Geschichte des Friedhofs gehört auch, daß hier Personen begraben sind, die in Opposition und im Widerstand gegen das NS-Regime standen. Hier ist vor allem Oberst Wilhelm Staehle zu nennen, der nach der Eintragung in das Totenbuch »als von der Gestapo« im April 1945 erschossen, bezeichnet wird. Seine Ehefrau veranlaßte seine Beisetzung. Ebenfalls zum Kreis des Widerstands ist Carl August Freiherr von Gablenz – Direktor und Vorstandsmitglied bei der Deutschen Lufthansa – zu zählen, der bei einem Flugzeugunfall sein Leben verlor und auf dem Friedhof seine letzte Ruhe fand. Zu den Opfern gehörte auch Generaloberst Werner Freiherr von Fritsch, der nach einer konstruierten widerlichen Affäre seine Posten verlor und 1939 vor Warschau in die Kugel des Gegners »lief«. Eine Gedenktafel erinnert an Oberstleutnant von der Lancken, der am 29. September 1944 in Berlin-Plötzensee hingerichtet wurde.

Es gibt keinen Friedhof für die Männer und Frauen des 20. Juli und des mit diesem Ereignis in Zusammenhang stehenden Widerstands. Die Asche der Ermordeten und Hingerichteten wurde nach Befehlen von Heinrich Himmler an unbekannten Plätzen verstreut. Es sollte keinen Ort geben, an dem man diesen Personen gedenken könnte. Bekanntlich sollten nach einem Worte Hitlers ihr Leben, ihre Taten und ihre Namen ausgelöscht werden. Indem auf dem Invalidenfriedhof einige dieser Männer liegen oder in Familiengräbern an sie gedacht wird, gewinnt er an Bedeutung für die deutsche Geschichte und belegt zugleich durch die namentlich aufgeführten Personen die Widersprüchlichkeit der historisch-politischen Entwicklung in Deutschland.

Angeführt werden muß die bisher zu gering bewertete Tatsache, der Beisetzung von Teilnehmern des Ersten und Zweiten Weltkriegs sowie von Zivilisten,

Blick auf den Mittelteil des Invalidenhauses.
Auch hier ist der plastische Schmuck erhalten. Die Abrißarbeiten des nördlichen Mittelbaus sind beendet. Reste des südlichen Mittelbaus sind in dem gegenwärtig noch stehenden Gebäude zu vermuten, um 1948. (LD)

die Opfer der Kampfhandlungen während der Schlacht um Berlin wurden. Treuwerth zählt 199 Personen, die an Kriegsverletzungen des Ersten Weltkrieges in Berlin starben und hier beigesetzt wurden. Die Zahl der beigesetzten Kriegsteilnehmer aus dem Zweiten Weltkrieg ließ sich bisher nicht feststellen. Auf alle Fälle gehören von Reichenau und von Schmundt zu diesem Kreis. Die Feststellung der Zahl der Zivilisten muß weiterer Detailforschung überlassen bleiben. Nach den Angaben des Totenbuchs sind aus dem Staatskrankenhaus I, II und III und dem Augusta-Hospital in einem Massengrab 31 Tote beigesetzt worden. Es wird sich wohl um Zivilisten handeln, die während der Kampfhandlungen in Berlin durch Kriegseinwirkungen verstarben. Auch ihnen steht der Schutz als Kriegstote zu.

Friedhof und Invalidenhaus wurden in den letzten Kriegstagen von den Kampfhandlungen der Schlacht um Berlin in Mitleidenschaft gezogen. Der Mittelteil des Invalidenhauses (später z.T. abgetragen) ging durch Artilleriebeschuß verloren, die Seitenflügel blieben weitestgehend unversehrt. Das Tor des Friedhofs traf eine Granate, ebenso die linke Säule des Grabdenkmals von Boyen; auf dem Friedhof wurde gekämpft. Als Spuren dieser Kämpfe müssen die Einschüsse in und auf den Grabdenkmalen insbesondere auf dem Feld A gesehen werden. So z.B. bei Hedwig von Blomberg, die am 2. Mai 1926 verstorben war. Die Eintragung lautet: »Durch Beschuß und Kämpfe vernichtet, Reste aufgeräumt.«[99]

Nachkriegsgeschichte zwischen 1945 und 1989

Die Geschichte des Invalidenfriedhofs nach 1945 ist in groben Zügen bekannt, die konkrete Untersuchung erbringt aber eine Fülle neuer Einzelheiten. Im Mai 1945 erfolgten Bestattungen, die noch dem Krieg geschuldet waren, aber auf eine wieder aufgenommene Tätigkeit hinweisen. 750 RM wurden in diesem Monat von der Friedhofsverwaltung für Grabgebühren und 210 RM für das Anfertigen der Grüfte eingenommen.[100] Die Fläche wurde als ehemaliges Stiftungseigentum (nach Auflösung der Mehrzahl der Stiftungen) der Groß-Berliner Grundstücksverwaltung AG unterstellt, die auch die Bezahlung der Angestellten und die Bewirtschaftung des Friedhofs übernahm. Die Grundstücksverwaltungs AG war eine zentrale Einrichtung, die auch in anderen Fällen treuhänderisch Werte beaufsichtigte, wo durch die Niederlage der Eigentümer weggefallen war.

Weitere Einzelheiten sind nicht dokumentiert, zentrale Anweisungen sind auch nicht zu vermuten, da der Friedhof nicht Eigentum des Militärs und auch keine Militäreinrichtung war. Das betraf wohl auch die Einebnung des Grabes von Reinhard Heydrich. Es kann davon ausgegangen werden, daß hier keine Weisungen oder ein Befehl der Alliierten vorlagen. Offensichtlich haben lebenspraktische Einstellungen mögliche Entscheidungen vorweggenommen, so daß es nicht der Beanstandung durch die Alliierten bedurfte. Die Protokolle der Magistratssitzungen des Jahres 1945 belegen keine Aktivitäten in dieser Richtung, nur allgemeine Schritte werden erwogen, die Symbole der Nazizeit auf den Friedhöfen zu beseitigen. Befehle der Alliierten Kommandantur sind zum gegenwärtigen Zeitpunkt nicht nachweisbar. Denkbar ist, daß das Holzkreuz, das auf dem Grab von Heydrich stand, in der allgemeinen Not der ersten Monate der Nachkriegszeit »verheizt« bzw. stillschweigend entfernt wurde. Es konnte in den penibel geführten Unterlagen der Friedhofsverwaltung keine Aktivität – weder eine zentrale Anweisung noch eine Festlegung – im Zusammenhang mit dieser Grabstelle nachgewiesen werden.

Andere Grabdenkmale waren ausweislich der gerade in dieser Zeit penibel geführten Akten von Einebnung nicht betroffen. Fotografien und Dokumente belegen dies. Maßstab war die Entfernung von Symbolen der NS-Zeit, die es kaum auf diesem Friedhof gab. Ansonsten richtete man sich nach den Liegezeiten und nahm Aufträge für Pflegearbeiten an den Grabstellen entgegen. So auch für den SA-Sturmführer Hans Maikowski, für dessen Pflege noch 1953 Beträge von der Familie eingezahlt wurden, dann verfiel das Grab vor Ablauf der Liegefrist und wurde beseitigt. Es unterblieben aber für lange Zeit geordnete Pflegearbeiten für die Gesamtanlage im Sinne der Beseitigung der Kriegsschäden.

Es folgten Monate der Auseinandersetzungen über den Umgang mit den nichtkirchlichen und nichtstädtischen Friedhöfen in der Stadt. Dazu gehörten der Invalidenfriedhof, der Garnisonfriedhof an der Kleinen Rosenthaler- und Linien-Straße sowie der Jüdische Friedhof in der Großen Hamburger Straße.

Der Bezirksbürgermeister von Berlin-Mitte wandte sich wegen der Übernahme des Invalidenfriedhofs am 6. Juli 1948 an den Magistrat von Groß-Berlin. Dieser lehnte jedoch auf Grund der zu hohen Kosten ab. In dem Schreiben heißt es, *»denn der Zustand der Baulichkeiten auf dem Invalidenfriedhof ist ein sehr schlechter. Das Verwaltungsgebäude muß vollständig instand gesetzt werden, eine Leichenhalle fehlt ganz, der Schuppen der dafür vorgesehen ist, ist als baufällig zu bezeichnen. Weiter ist die Friedhofsmauer an mehreren Stellen zerstört. Die Kosten für diese Nachbauarbeiten betragen überschlägig 40 000,— RM. Dazu kommt noch die Instandsetzung der Wege und der sonstigen Anlagen, für die weitere 20 000,— RM in Ansatz zu bringen sind.«*[101]

Nach der Spaltung Deutschlands und Berlins veränderten sich die Bedingungen; die Probleme um den Friedhof wurden nicht geringer, und es mußte eine Entscheidung über die weitere Verwaltung herbeigeführt werden. Am 8. April 1949 bot der Berliner Synodalverband der Evangelischen Kirche der Grundstücksverwaltung an, für den Invalidenfriedhof und den Garnisonfriedhof *»bis zur endgültigen Klärung der Eigentumsverhältnisse«* die Verwaltung zu übernehmen. Die Bedingung dafür war, daß die Grundstücksgesellschaft den vorhandenen Überschuß von 35 000 RM mit übergab. Dieser war für die Wiederherstellung von Baulichkeiten und Grabdenkmälern vorgesehen.

Grabstelle für Generaloberst Moritz Freiherr v. Bissing und seiner Ehefrau, Zustand 1956. (BA)

Weiterhin sollten Geldmittel von dieser Verwaltung zur Verfügung gestellt werden, um die Gesamtanlage in einen annehmbaren Zustand zu versetzen. Für eine Reihe von Jahren sollte der Synodalverband von der Pacht freigestellt werden, und zwar bis zu dem Zeitpunkt, an dem die Schäden behoben und durch Einnahmen die aufgewendeten Kosten erstattet worden wären.[102]

Im Punkt 8 des Briefes erklärt der Berliner Stadtsynodalverband die Absicht, eine Kommission einzusetzen, *»die zu prüfen hat, welche Grabstellen bezw. Grabmäler aus historischen oder anderen Gründen auf Friedhofskosten zu erhalten und zu pflegen sind. Der Kommission soll mindestens ein Mitglied der Groß-Berliner Grundstücksverwaltungs A.G. angehören. Über diese Grabstellen bezw. Grabmäler ist ein besonderes*

Verzeichnis anzulegen.«[103] Daraus sprach Verantwortung für die Kunstwerke, die es zweifellos auf dem Friedhof noch gab, ebenso wie das Anliegen, bestimmte Grabmäler der Nachwelt zu erhalten. Interessant die Idee, die Kosten dafür von der Friedhofsverwaltung übernehmen zu lassen und aus den Überschüssen zu bezahlen. Groteskerweise wird diese Idee erst zu diesem Zeitpunkt öffentlich bzw. läßt sich erst an dem Punkt dokumentieren, an dem der Verfall dieses historischen Ortes begann.

Diesem Vorschlag wurde nicht gefolgt, Gründe dafür waren aus der Überlieferung nicht ersichtlich. Es ist durchaus möglich, daß gerade der Vorschlag unter Punkt 8 Einschränkungen oder Bedenken bei den städtischen Stellen hervorrief. Am 18. Februar 1950 faßte das Bezirksamt von Berlin-Mitte den Beschluß, die drei genannten Friedhöfe in eigene Verwaltung zu übernehmen. Zur Begründung wurde angeführt: *»Laut Schreiben des Magistrats sind die beiden Friedhöfe (Garnison- und Invalidenfriedhof) von der Groß-Berliner Grundstücksverwaltung abgegeben worden und sollen nunmehr in Eigenbewirtschaftung des Bezirks Mitte übergehen. Nach Besichtigung wurde festgestellt, daß dort nur noch ganz wenige Beerdigungen stattfinden. Die dort bisher mit den Aufgaben betreuten 6 Beschäftigten mussen dann vom Bezirksamt Mitte ubernommen werden. Durch die teilweise großen Zerstörungen sind für die Unterhaltung der beiden Friedhöfe Zuschüsse erforderlich.«*[104] Weitere Ausführungen zu den Motiven wurden nicht gemacht. Es erging folgender Beschluß:

»1.) Die Abteilung Bau- und Wohnungswesen wird beauftragt, die Übergabeverhandlungen vorzunehmen und einen Kostenanschlag für die Instandsetzung vorzulegen. Die Regelung der Personalfragen und alle anderen erforderlichen Maßnahmen wirtschaftlicher Art sind vom Grundstücksamt mit den entsprechenden Verwaltungsstellen zu klären.

2.) ... In 2–3 Wochen ist noch einmal Bericht zu erstatten.«[105]

Am 20. Dezember teilte die Abteilung Aufbau des Magistrats von Berlin dem Bezirksamt Mitte mit: *»Wir haben die förmliche Schließung des Invaliden-Friedhofs, Scharnhorst-Strasse, und des Garnison-Friedhofs, Kleine Rosentaler Str. 3–7/Linienstr. 207–211, bei der Abteilung Arbeits- und Gesundheitswesen beantragt.*

Wir bitten indessen, schon jetzt keine weiteren Beisetzungen auf diesen Friedhöfen mehr zuzulassen.

Ferner bitten wir, ab 1. Januar 1951 auf den beiden Friedhöfen an sichtbarer Stelle Aushänge anzubringen mit dem Inhalt, daß

1. Beisetzungen nicht mehr stattfinden,
2. die Friedhöfe ab 1. März bis 30. September nur noch Dienstag, Donnerstag,
Sonnabend und Sonntag von 14 bis 18 Uhr und ab 1. Oktober bis Ende Februar
an den gleichen Tagen von 12 bis 16 Uhr geöffnet sind.«[106]

Mit diesem Wortlaut wurde auf beiden Friedhöfen am 1. Januar 1951 ein Aushang angebracht.

Als nächster Schritt folgte auf Beschluß des Magistrats vom 22. Februar 1951 die Festlegung, am 30. April des Jahres den Invaliden- und den Garnisonfriedhof zu schließen. Dazu hieß es: *»Erdbestattungen, Beisetzung von Särgen in Grüften oder Beisetzung von Urnen in unterirdischen oder oberirdischen Urnenstellen sind nicht mehr zulässig.«*[107] Damit nahm die langsame Zerstörung des Invalidenfriedhofs ihren Lauf. Die Hintergründe für diesen Schritt sind in den Akten nicht enthalten bzw. konnten bisher nicht ermittelt werden. Es ist zu vermuten, daß bei dem Garnisonfriedhof der ausgesprochene Charakter des Militärfriedhofs und bei dem Invalidenfriedhof die überwiegenden Beisetzungen von Militärpersonen den Ausschlag gaben. Weitere Maßnahmen in Richtung einer Abräumung erfolgten noch nicht; es wurde vom Ablauf der Liegefristen ausgegangen, ohne daß bereits jetzt in irgendeiner Form weiterreichende Überlegungen oder Beschlüsse dokumentiert wurden.

Die Bekanntmachung über die Schließung des Friedhofs erfolgte unter dem Datum vom 30. April 1951 im Verordnungsblatt für Groß-Berlin. Sie hatte folgenden Wortlaut:

»Auf Grund des Magistratsbeschlusses vom 22. Februar 1951 ist der frühere Garnisons-Friedhof in der Kleinen Rosentaler Str. 3–7/Linienstr. 207–211 und der Invaliden-Friedhof in der Scharnhorststraße sofort zu schließen.

Erdbestattungen, Beisetzung von Särgen in Grüften oder Beisetzungen von Urnen in unterirdischen oder oberirdischen Urnenstellen sind nicht mehr zulässig.

Gemäß § 5 der Friedhofsordnung für die städtischen Friedhöfe von Groß-Berlin vom 31. Januar 1915 (VOBl. II, S. 43) erlöschen alle Rechte auf Nutzung von Grab-

Blick über das Feld F, im Vordergrund die Grabstellen von Marga, Ulrich und Margarethe v. Etzdorf. Aufnahme aus den fünfziger Jahren des 20. Jahrhunderts. (Privatbesitz)

und Urnenstellen, wenn der Friedhof aufhört, als Friedhofsanlage zu bestehen.

Die Inbetriebnahme der bisherigen Friedhofsgelände für Zwecke der Bebauung oder einer anderweitigen Nutzung ist nur zulässig, nachdem die Abteilung Gesundheitswesen des Magistrats von Groß-Berlin zugestimmt hat.«[108]

Am 5. Mai folgte die öffentliche Bekanntmachung, daß wegen Ablaufs der Ruhefrist alle Gräber vor dem 31. Dezember 1925 für Erwachsene und vor dem 31. Dezember 1935 für Kinder unter 12 Jahren eingeebnet werden. Für Urnenstellen galt das Datum vom 31. Dezember 1930, d.h. für alle Bestattungen vor diesem Datum galt die Ruhefrist als abgelaufen. Die Bekanntmachung erhielt den Zusatz: *»Gleichzeitig werden alle im verwahrlosten Zustand angetroffenen Urnenstellen eingeebnet, wenn sie nicht bis zum 1. Juni 1950 wiederhergerichtet werden. Die auf den Grabstellen vorhandenen Ausstattungsgegenstände wie Denkmäler, Einfriedungen, Bänke usw. gehen mit dem Erlöschen des Nutzungsrechtes ohne Entschädigung in das Eigentum von Gross-Berlin über, sofern nicht einen Monat nach der öffentlichen Bekanntmachung die Aushändigung von den zur Empfangsnahme berechtigten Angehörigen beantragt worden ist.«*[109] Die Akten vermelden keine Proteste oder Widersprüche, sie mag es gegeben haben, wurden dann aber nicht dokumentiert.

Eine Ausnahme muß angemerkt werden, da sie zeigt, daß die Klarheit, von der die Ost-Berliner Behörden ausgingen, nur scheinbar war und man sich über die Konsequenzen des Handelns nicht im klaren war. Am 10. Februar 1951 schrieb der Geheime Medizinalrat, Direktor der Universitäts-Frauenklinik, Nationalpreisträger 1. Klasse und Hervorragender Wissenschaftler des Volkes, Prof. Dr. W. Stoeckel, einen Brief *»An die Verwaltungsstelle des Invalidenfriedhofs Hauptamt für Grünplanung«.* Bei Stoeckel handelte es sich um einen der bedeutendsten Gynäkologen und Geburtshelfer, dessen Lehrbücher damals Allgemeingut waren. Dieser Brief machte Konsequenzen deutlich und zeigte, daß das forsche Herangehen an diese Angelegenheit doch nicht so ganz einfach war. Stoeckel schrieb: *»Ich habe den Anschlag gelesen, der im Invalidenfriedhof angebracht ist, und besagt, dass der Friedhof geschlossen werden soll, und dass keine Beerdigungen mehr stattfinden. Ich habe im Jahre 1946 eine Doppelgrabstelle für mich und meine Frau erworben. Meine Frau ist am 8. März 1946 gestorben und auf dieser Grabstelle beerdigt. Ich habe den Wunsch, dort auch beerdigt zu werden und bitte mir folgende Fragen zu beantworten:*

1) Wird meine Beerdigung dort möglich sein ?

2) Wie lange kann die Grabstelle erhalten bleiben ?

3) Ist eine vollständige Beseitigung des Friedhofs in einer Aktion gedacht, oder soll sie schubweise, je nach Aufhören des Besitzes der neuen Grabstellen erfolgen ?

4) Ist ein Termin festgesetzt, an dem der ganze Friedhof völlig geräumt sein muss ?

5) Ist eine Exhumierung des dort beigesetzten Sarges gestattet, und wird diese von der Friedhofsverwaltung vorgenommen.«[110]

Klare Fragen, die eigentlich vor der Beschlußfassung hätten geklärt werden müssen. Stoeckel erhielt am 2. März eine »kalte« Antwort: *»Zu 1 u.2: Ihre Bestattung auf dem Invaliden-Friedhof ist nach dem vorgenannten Beschluss nicht mehr möglich. Die Friedhofsordnung sieht u.a. vor, dass von dem in dem Beschluß festgesetzten Zeitpunkt an alle Beisetzungs- und Nutzungsrechte erlöschen. Zu 3 u. 4: Die Säkularisationsfrist wird vom Landesgesundheitsamt festgesetzt; sie beträgt im allgemeinen 40 Jahre. Zu 5: Eine Exhumierung des bereits beigesetzten Sarges ist unter Beachtung der dafür geltenden Bestimmungen möglich. Die Ausgrabung wird vom Friedhofsamt des Bezirks Mitte vorgenommen. Die Überführung und Wiederbeisetzung müßte dagegen von Ihnen veranlaßt werden.«*[111]

Stoeckel ließ nicht locker und schrieb noch mehrfach an die verschiedensten Stellen des Magistrats, so u.a. am 10. Januar 1952, daß er gerüchteweise gehört habe, *»dass der Beschluss des Magistrats von Gross-Berlin vom 22.2.1951 bezüglich der Beerdigung auf dem Invaliden-Friedhof modifiziert und abgemildert werden könnte … . Ich nähere mich meinem 81. Geburtstag und muss infolgedessen dafür Sorge tragen, diese Angelegenheit bald zu ordnen.«*[112] Die Hartnäckigkeit Stoeckels zahlte sich aus. Ein weiterer Brief vom 15. Januar wurde dann vom Bezirksbürgermeister »herablassend« positiv beschieden: *»Ihr Schreiben vom 15.1.1952 an Frau Stadträtin Schirmer-Pröscher wurde mir zur Entscheidung zugeleitet, und ich kann Ihnen mitteilen, daß Ihnen in Würdigung Ihrer Verdienste durch den Magistrat von Groß-Berlin die Ausnahmegenehmigung zur Beisetzung Ihrer Urne auf dem bereits stillgelegten Invalidenfriedhof erteilt wird.*

Wir bitten Sie, allerdings dafür Verständnis zu haben, daß wir Sie bitten müssen, die große offizielle Trauerfeier Ihrer Beerdigung vielleicht in der Trauerhalle des Krematoriums oder an einem anderen von Ihnen gewünschten geeigneten Ort durchzuführen.

Die Beisetzung Ihrer Urne an der Grabstelle des Invalidenfriedhofs bitten wir Sie, so vorzunehmen, daß an dieser Beisetzungsfeier nur ein beschränkter Kreis Ihrer Familienangehörigen teilnimmt.«[113]

Damit hatte Stoeckel die harte Grenze des Beschlusses durchbrochen und – ohne es zu ahnen – etwas viel Weiterreichendes erreicht. Der Magistrat hatte sich zu einer etwa vierzigjährigen Frist für mögliche Beräumung der Beisetzungen festgelegt, die nun in den neunziger Jahren lag. Da Stoeckel 1961 starb und, wie festgehalten, auf dem Invalidenfriedhof beigesetzt wurde, schob sich diese Frist um ein weiteres Jahrzehnt hinaus. Genaugenommen zeigte dieses Detail aber, daß weitergehende Überlegungen noch gar nicht angestellt waren.

Zwei weitere, öffentliche Vorgänge wurden dann bedeutungsvoll. In diesen Jahren erschienen hin und wieder noch Zeitungsartikel über den Invalidenfriedhof, die den allgemeinen Verfall der Stätte beklagten. So erschien im November 1951 auch ein Artikel in der »National- und Soldatenzeitung«. Diesen las Albert Norden, Chef des Amtes für Information bei der Regierung der DDR und schrieb an den Oberbürgermeister Friedrich Ebert: *»Soeben lese ich in der »Soldaten-Zeitung« (einem in Westdeutschland erscheinenden Organ) einen Artikel über die angebliche Vernachlässigung des Invaliden-Friedhofs in der Invalidenstraße. Auf diesem Friedhof liegen u.a. auch Scharnhorst und Gneisenau begraben. Ich brauche Sie nicht auf die ganz außer-*

Blick auf die Reste des Invalidenfriedhofs im Winter 1983/84.
Erkennbar das Feld C, rechts die »Hinterlandssicherungsmauer«. Im Hintergrund die Türme des Hamburger Bahnhofs. (LD)

ordentliche Bedeutung dieser beiden Persönlichkeiten für die demokratisch-nationale Bewegung Deutschlands aufmerksam zu machen. Sie verkörpern in der Tat in hohem Maße die demokratisch-nationale Freiheitsbewegung des Deutschlands vom Anfang des 19. Jahrhunderts.

Ich glaube, daß es außerordentlichen Eindruck machen und von bedeutender agitatorischer Wirkung sein würde, wenn der Berliner Magistrat diese Gräber in seine Obhut nehmen könnte. Gerade angesichts des bevorstehenden Tages des dreijährigen Bestehens des Berliner Magistrats wollte ich Ihnen in aller Eile diese Anregung geben.«[114]

Auch hier lag ein Irrtum vor, Gneisenau lag nie auf dem Invalidenfriedhof. Es hinterläßt schon einen eigenartigen Eindruck, wenn man die Quelle betrachtet, aus der Norden schöpfte und daß es agitatorisch wirkungsvoll wäre, den Friedhof zu pflegen.

Friedrich Ebert handelte sofort, zum einen wies er den Stadtrat Gericke, Leiter der Abteilung Aufbau an: *»Auf Grund von Hinweisen, auch aus Kreisen der Regierung der Deutschen Demokratischen Republik bitten wir Sie im Auftrage des Oberbürgermeisters anzuweisen, daß der Invalidenfriedhof in der Invalidenstraße, trotz der teilweisen Schließung in der Pflege nicht verkommen darf.«*[115] Zum anderen schrieb er an Albert Norden, *»daß der Invalidenfriedhof vorläufig noch für bestimmte Zeiten gesperrt ist, um politische Provokationen, die immer wieder versucht werden, zu vermeiden. Die Abteilung Aufbau des Magistrats ist jedoch verpflichtet und*

Das Feld C im Winter 1983/84.
Erkennbar die Denkmäler für Generaloberst von Falkenhausen, Job v. Witzleben, Generaloberst Max Hoffmann und Gerhard von Scharnhorst. (LD)

auf Grund Ihres Schreibens nochmals besonders darauf hinzuweisen, daß der Friedhof in Ordnung zu halten ist ...«[116] Alles bleibt diffus, einerseits ist der Friedhof nur teilweise geschlossen, und zum anderen folgt der Hinweis auf Provokationen, die nicht näher bestimmt werden.

Das überschnitt sich mit einem anderen Artikel in der »Berliner-Zeitung« vom 22. Dezember 1951, der in vielerlei Hinsicht für Aufregung sorgte. Er mag mit dem Artikel in der Soldatenzeitung wohl in keinem Zusammenhang gestanden haben. Der Autor schilderte seine Eindrücke bei einem Besuch an dieser Stätte, formulierte seine politischen Vorbehalte, schrieb dann aber einen insgesamt kritischen Artikel: *»Und weiter gehen wir über eingefallene Gräber und grasüberwucherte Wege. An einem Baum lehnt ein verwaschener Gedenkstein. Das Gitter eines Grabes zeigt traurig verbogen in den Himmel ... An zusammengestellten Resten alter Gartenzäune vorbei, hinter denen Laub, Erde und Äste vermodern, suchen wir uns einen Weg zum Tor. Eine alte Frau jätet Unkraut und trägt es in die Abfalltonne. Hier und da finden wir ein gepflegtes Grab.«*[117]

Entrüstung in den Magistratsbehörden auf der einen Seite und Aufnahme des Themas in Zeitungsartikeln in der Presse Westberlins und der Bundesrepublik. Zerfallene Grabhügel werden angemahnt und leider auch Fehler postuliert, die die Vorbehalte gegen diesen Friedhof nur steigerten. So wird u.a. von Carl von Clausewitz (»Vom Kriege«) und Helmuth Graf Moltke gesprochen, die angeblich hier begraben sein sollten. In

Das zusammengebrochene Grabdenkmal für den General Job v. Witzleben, Aufnahme 1984. Erkennbar das Grabdenkmal von Falkenhausen. (LD)

zwei Richtungen liefen in den kommenden Monaten die weiteren Vorgänge.

In einer Ausarbeitung vom 29. Dezember nahm die Gruppe Grünflächen des Bezirksamts Mitte nach Aufforderung durch den Magistrat Stellung zu den Vorwürfen in der Berliner Zeitung. Aus diesem Schriftstück erfahren wir einiges über den Umgang mit diesem historischen Ort. 75 Gräber waren wegen Verwahrlosung eingeebnet worden, dagegen gab es Einsprüche von Familienangehörigen aus der Bundesrepublik. Neuangefertigt werden mußte ein Register der Bestattungen, da die alten infolge Kriegseinwirkungen verlorengegangen waren. Von seiten der Gärtner auf dem Friedhof wehrte man sich gegen die allgemeinen Vorwürfe einer angeblichen Verwahrlosung mit dem Hinweis, daß im Winter immer Laub auf dem Friedhof liegt und Kränze, Sträuße, Tannenzweige in dieser Jahreszeit keinen erfreulichen Anblick bieten würden. Es werden aber die Vorgänge verwechselt, nicht die Gärtner waren gemeint, sondern der Personenkreis, der für den Friedhof – kraft eigenen Beschlusses – nun die Verantwortung trug und nicht gehandelt hatte.

Dann folgen Ausführungen zur Pflege bestimmter Gräber. Der Ball wird zurückgeworfen, denn über diesen Komplex konnte die untere Ebene natürlich keine Entscheidung treffen. Man habe sich, so der Verfasser, *»von Anfang an mit der Abteilung Aufbau in Verbindung gesetzt und gebeten, uns mitzuteilen, welche Gräber von historisch bedeutenden Persönlichkeiten in Zukunft betreut und gepflegt werden sollen. Wir haben hier bereits eine Reihe von Vorschlägen gemacht und es ist nun Herrn Stadtrat Gericke bzw. der Abteilung Volksbildung des demokratischen Magistrats überlassen, diese Persönlichkeiten festzulegen. Wir werden dann selbstverständ-*

Zustand der Grabdenkmale für die Gebr. Pirch, Aufnahme 1983/84. (LD)

lich diese Gräber pflegen und betreuen. Die Gruppe Grünflächen pflegt bereits eine ganze Reihe von derartigen Grabstellen auf kirchlichen Friedhöfen, z.B. Fichte, Freund, Schinkel, Lortzing.«[118]

Auf Grund dieses Schreibens ging auch das Bezirksamt Mitte in die Offensive: *»Zu den Grabstellen der historisch bedeutenden Persönlichkeiten ist zu sagen, daß eine Anordnung der Abt. Volksbildung des demokratischen Magistrats besteht, daß diese Grabstellen von uns gepflegt werden. Das trifft bereits auf einen großen Teil der kirchlichen Friedhöfe zu. Nach Anweisung des Sekretariats des Oberbürgermeisters haben wir bereits Ende Oktober an das Amt für Grünplanung als vorgesetzte Dienststelle einen Antrag an die Abteilung Volksbildung geleitet, die historisch bedeutsamen Persönlichkeiten festzulegen. Trotz mehrmaligen Mahnens ist bisher unser Schreiben nicht beantwortet worden. Wir haben aber von uns aus bereits die Gräber von Scharnhorst und Friesen und einigen anderen dort bestatteten Persönlichkeiten in Ordnung gehalten.«*[119]

Weiterhin erfahren wir aus den Unterlagen, daß es bestimmte Unruhe bei den Familien gab, die nun in der Bundesrepublik lebten und deren Angehörigen hier bestattet waren. Im Auftrage des Familienverbandes von Richthofen z.B. besuchte ein Angehöriger der Familie im Beisein des stellvertretenden Ministerpräsidenten Otto Nuschke (CDU) der DDR den Invalidenfriedhof, um sich nach dem Zustand des Grabes Manfred von Richthofes zu erkundigen. Es wurden keinerlei Beanstandungen registriert. Die Familie ließ im übrigen im Jahre 1976 Manfred von Richthofen exhumieren und mit Grabstein in das Familiengrab überführen.

Auch die kirchlichen Behörden wurden zur Abwehr des Protestes eingesetzt. Am 6. Juni fand eine Besichtigung des Invalidenfriedhofs und des Alten Garnisonfriedhofs statt. Unter der Leitung des Bezirksbürgermeisters Berlin-Mitte, Gohr, nahmen von kirchlicher Seite Probst Grüber, Präses Dr. Möller und Superintendent Werbeck teil. Nach dem Vermerk gab es keinerlei Beanstandungen bzw. wurde auf die Aktivitäten dieser Jahre verwiesen. Der Vermerk schließt: *»Es wurde ferner vereinbart, durch von Vertretern der Kirche zu veröffentlichende Pressenotizen den in West-Berlin und Westdeutschland wohnenden Angehörigen von auf dem Invaliden-Friedhof Beigesetzten Mitteilung davon zu machen, daß nach wie vor durch Einzahlung der entsprechenden Beträge Aufhügelungen von Gräbern, Pflege und Unterhaltung durch die Friedhofsverwaltung vorgenommen werden könne, soweit sich die Angehörigen nicht selbst um die Gräber kümmern.«*[120] Besser wäre es – auch mit Blick auf die späteren Ereignisse – gewesen, die kritischen Hinweise zur beherzigen und Mittel für den Erhalt des Friedhofs einzusetzen bzw. endlich Entscheidungen darüber zu treffen.

In allen Vermerken wird direkt und indirekt die alles entscheidende Frage angesprochen. Nicht die Kosten für die Pflege waren zu diesem Zeitpunkt entscheidend, sondern die Auswahl der Grabstellen, der – wie man es zu diesem Zeitpunkt nannte – »historisch bedeutsamen Persönlichkeiten«. Natürlich konnte die unterste Ebene diese Entscheidung nicht treffen und hat sich folgerichtig an die vorgesetzte Behörde gewandt. Aber hier blieb dann alles darüber offen. In

Blick auf das verwahrloste Feld C des Invalidenfriedhofs.
Aufnahme Ernst Kluge vom 6. Februar 1990

Linke Seite:
Der Invalidenfriedhof, Herbst 1988.
Aufnahme der ehem. Grenztruppen der DDR. Blick etwa vom früheren Reichsarbeitsministerium.
Links die alte Friedhofsmauer und davor ein Drahtzaun, dann der Kolonnenweg sowie eine weitere Sicherungsmauer.
Erkennbar das Feld C am rechten Bildrand, links die Anlagen des Hamburger Güterbahnhofs
(Mauer-Archiv Hagen Koch)

Blick auf die Grenzanlagen auf dem Invalidenfriedhof Richtung Norden im Herbst 1988.
Links im Bild die beiden Seitenflügel des Invalidenhauses, der Mittelteil ist zerstört und weitgehend abgeräumt.
(Mauer-Archiv Hagen Koch)

einer Zeit, in der man nur Fehler machen konnte, in der jede Entscheidung politischen Wertungen unterlag, wollte man sich nicht festlegen, gar schriftlich eine Verfügung ergehen lassen, für die man sich später, wenn die Verhältnisse sich geändert hätten und eine andere Spielart der Geschichtsbetrachtung vorherrschend wurde, zu verantworten hatte. Und die Entscheidung betraf ja überwiegend Personen, die mit dem Militärwesen oder dem Staat der Vergangenheit verbunden waren; nur für Scharnhorst hatte man eine eindeutige Festlegung aus der Feder Nordens. So geschah also zunächst weiter nichts.

Das Amt für Grünplanung meldete sich auf die o.g. Weisung F. Eberts am 23. Januar 1952 beim Sekretariat des Oberbürgermeisters, berichtigte den Fehler mit der Grabstelle Gneisenau und teilte mit: *»Die Auswahl der Grabstätten der Persönlichkeiten, die an den demokratisch-nationalen Freiheitskämpfen Anfang des 19. Jahrhunderts teilgenommen haben und deren Pflege von der Stadt Berlin übernommen werden soll, wird in den nächsten Tagen in einer gemeinsamen Besprechung mit dem Amt für Volksbildung getroffen werden.«*[121] Ob diese Besprechung stattgefunden hat, konnte nicht festgestellt werden, ist aber zu vermuten. Offensichtlich fühlte sich die Abteilung Volksbildung überfordert, und man einigte sich, daß eine Liste möglicher Grabstellen angefertigt und diese dann an das Museum für Deutsche Geschichte übergeben werden sollte. Am 1. Februar lag sie vor, und die Abteilung Aufbau bat um Weiterleitung und *»Fürsprache, damit die Auswahl der Persönlichkeiten, deren Gräber von der Stadt gepflegt werden sollen, recht bald getroffen wird.«*[122] Diese Liste enthielt 27 Namen, ausschließlich Militärs. Unter ihnen waren Boyen, Kessel, Seeckt, Scharnhorst, Friesen, Richthofen, Udet, Hardenberg u.a.m. Das Museum für Deutsche Geschichte meldete sich dann auch sehr schnell zurück. Sein Direktor, Prof. Dr. Alfred Meusel, hielt nur die Grabstellen von Scharnhorst und Clausewitz für würdig, von der Stadt Berlin gepflegt zu werden.[123] So wurde entschieden! Den mit dem Friedhof betrauten Personen reichte dies nicht aus, und sie sahen in dieser Festlegung keinen Grund, die Pflege anderer Grabmale zu vernachlässigen bzw. ganz einzustellen.

Ein Aspekt sei angemerkt: Preußen, von den Alliierten nach 1945 als Hort der Reaktion der deutschen Geschichte verurteilt, galt als Sinnbild für den »Irrweg einer Nation« – so auch der Titel eines damals weitverbreiteten Buches von Alexander Abusch. Ein »Irrweg«, der in einer direkten Linie von Luther über Bismarck zu Hitler geführt habe. Als eine der tragenden Säulen bezeichnete das Buch den Militarismus, der als politische und ideologische Haltung galt, die direkt vom Militär ausging. Ziel der nun folgenden Politik dieser Jahre war es, die Merkzeichen und Sinnbilder bzw. was man darunter verstand zu vernichten, die an diese Seite der Geschichte erinnerten.

Die Weisung Eberts an die Abteilung Aufbau führte zu Instandsetzungsarbeiten auf dem Gelände. Ein erster Bericht dazu vom 26. Januar 1952 zeigt ein gewisses Bild vom Zustand: *»Aus dem Friedhof werden z.Zt. die letzten Schuttberge abgefahren, die durch Schaffung neuer Eingangspfeiler mit einem neuen schmiedeeisernen Tor entstanden waren. Der Friedhof ist täglich von 12 bis 16 Uhr geöffnet. Eingang und Wege sind wieder in Ordnung. Auf der Westseite sind die Umfassungsmauern in schlechtem Zustand ... Besonders schwerwiegend sind die zahllosen Buntmetalldiebstähle. Vielfach sind die Bronzebuchstaben gewaltsam abgerissen, so auch am Grabe Richthofens.«*[124]

Am 9. April folgte ein Kostenvoranschlag für Wiederherstellungsarbeiten an einigen Grabdenkmälern sowie Einebnungen von abgelaufenen Grabstellen in Höhe von 35 000 Mark. Damit erklärte Ebert sich einverstanden. Nun war auch die Denkmalpflege beteiligt worden, die insgesamt 37 Grabdenkmale instandsetzen ließ. Das waren nicht nur Militärpersonen. Weitere Grabdenkmale wie das für den Direktor der Berlin-Hamburger Eisenbahn, Neuhaus, wurden ergänzt bzw. Beschädigungen an ihnen beseitigt. Dazu gehörte auch das Denkmal für Friedrich Friesen, das *»gesäubert, frisch gestrichen und (dessen) Buchstaben vergoldet«*[125] wurden. Danach war für lange Zeit keine weitere Bewegung mehr auf dem Friedhof. Die Angehörigen der Bestatteten ließen die Gräber pflegen. Das wurde gerne entgegengenommen, war es doch eine nicht unbeträchtliche Einnahmequelle für Devisen. Den Zustand des Friedhofs veränderte das kaum. Abgelaufene Grabstellen wurden nach und nach beseitigt, aber keine Eingriffe in den Bestand, d.h. keine Exhumierungen vorgenommen.

Am 13. August 1952 antwortete das Bezirksamt Mitte auf zwei Fragen des Magistrats

»1. wer hat die abgeräumten Grabstellen ausgewählt

und 2. wer hat die Grabmäler ausgewählt, die wieder hergestellt« worden waren. Diese kleine Verteidigungsschrift beschreibt den Personenkreis, der hier aktiv wurde. Es war dies von der Denkmalpflege, Frau Seewaldt, die sich engagiert für den Erhalt der verschiedensten Baudenkmale einsetzte, sowie Herr Baldschun, ein Herr Bayer vom Referat Grünflächen, der Bildhauer Lohse sowie der zuständige Friedhofsreferent Winrich. Sie hatten die *»Grabsteine festgelegt, die zu entfernen bzw. auszubessern wären. Es handelt sich bei diesen Grabsteinen um vollkommen unbedeutende Gedenksteine schlechtester Handwerkerarbeit, an denen der Invalidenfriedhof an und für sich reich ist. Die guten Grabsteine bleiben erhalten, desgleichen auch solche Grabsteine, die sich auf gepflegten Grabstätten befinden. Es werden somit nur Grabsteine schlechtester Gestaltungsart von vollkommen verwilderten und verkommenen Grabstellen entfernt.«* Man verzichtete auf unwesentliches, um das wesentliche zu erhalten.

Weiter heißt es dann zum Denkmalscharakter des Friedhofs: *»Zur Frage der Pflege von historisch bedeutsamen Persönlichkeiten wurden im November 1951 Schreiben über das Referat Grünflächen, HA. Bauwesen, an die Abtlg. Volksbildung gesandt, mit der Bitte, aus einer beiliegenden Liste von hervorragenden Heerführern die historisch bedeutsamen Persönlichkeiten festzulegen. Wir erhielten mit Schreiben vom 30.11.1951 zunächst ein Schreiben über die Instandhaltung der Gräber von Scharnhorst und Gneisenau und am 25.3.52 vom Museum für deutsche Geschichte eine weitere Bestätigung, unterschrieben von Herrn Professor Dr. Meusel, über die Instandhaltung der Gräber von Scharnhorst, von Clausewitz und Lützow. Alle anderen Gräber wurden bisher abgelehnt, darunter auch die Grabstelle des Freiheitskämpfers Friedrich Friesen. Wir bemerken jedoch dazu, daß wir bereits seit längerer Zeit auf eigene Anordnung hin die Grabstätte des Freiheitskämpfers Friesen gepflegt und in Ordnung gehalten haben und gedenken, dies auch weiterhin zu tun.«*[126] Das klang sehr trotzig und streitbar und war auch so gemeint; Folgen hatte das nicht, nur kümmerte sich auf der Seite der Vorgesetzten auch keiner weiter darum.

Eine Ausarbeitung des Magistrat vom November 1956 brachte Bewegung in den Umgang mit dem Invalidenfriedhof. Sie, *»Weiterentwicklung des Friedhofswesens in Berlin«* genannt, beschrieb die Situation der in Ostberlin, damals demokratischer Sektor genannt, vorhandenen 102 Friedhöfe. 46 von ihnen waren städtisch, 51 konfessionell und 5 gehörten zur jüdischen Gemeinde. 33 von ihnen waren bereits geschlossen oder sollten im Jahre 1956 geschlossen werden. Die mit Sicht auf die weitere Entwicklung erarbeitete Denkschrift sah die Schließung aller Friedhöfe innerhalb des S-Bahnringes vor, ebenso das Verbot der Erdbestattungen innerhalb des Berliner Urstromtales. Das weitere Schicksal des Invalidenfriedhofes wurde besonders erwähnt. Es hieß in dem Dokument: *»6) Umgestaltung des Invalidenfriedhofes und eines konfessionellen Friedhofs zu Friedhöfen für bedeutende Persönlichkeiten des öffentlichen und kirchlichen Lebens der Stadt Berlin und Deutschlands.«*[127]

Das konnte nur so verstanden werden, daß nach Schließung und Einebnung der geschlossenen und noch zu schließenden Friedhöfe, Umbettungen für den beschriebenen Personenkreis vorgenommen werden sollten. Bei der Bewertung des Vorgangs ist zu bedenken, daß zu diesem Zeitpunkt auch an anderen Stellen der Stadt Friedhöfe aufgelassen und in Parkanlagen umgewandelt wurden. Diese o.g. Idee wäre dem Charakter des Invalidenfriedhofs weitgehend gerecht geworden, es hätte sich wohl das Entscheidende der historischen Substanz erhalten lassen.[128] Aber wer waren nun diese Persönlichkeiten und wer legte fest, wer zu diesem Personenkreis zu zählen war. An die Vorgänge des Jahres 1951 sei erinnert.

Zunächst einmal führte das dazu, daß erneut Listen erstellt wurden, welche Gräber oder Grabanlagen zu erhalten waren. Am 21. November 1957 lag eine derartige Ausarbeitung vor. Sie enthielt 4 Namen von bedeutenden Persönlichkeiten (Scharnhorst, Boyen, Friesen und Holstein (Graue Eminenz) und 11 Namen von Heerführern (u.a. Seeckt, Hoffmann, Moltke, Schöder, Richthofen). Weiterhin waren 11 Bestattungen von *»Angehörigen des Nazi-Regimes«* verzeichnet. Hinter dem Namen Heydrich stand *»nicht verbürgt.«*[129] Es gab wohl keine Unterlagen mehr dazu. Damit war diese Idee zu den Akten gelegt, ist darauf nicht wieder zurückgekommen worden.

Für die weitere Entwicklung des Bestandes der Grabanlagen wurden die Ereignisse des 13. August 1961 und die dann folgenden Jahre entscheidend. Berlin war gespalten und die Grenze zwischen Ost und West zog sich quer über den Friedhof. Eigentlich bildete die Friedhofsmauer zum Spandauer Schiffahrtskanal die Grenze, aber die Absicherungsanlagen, die sogenannte Hinterlandsicherungsmauer – zuerst aus Drahtgitter, dann aus Beton – zog sich längs über den Friedhof und trennte im wesentlichen die Felder E, F, G, H und J ab. Zunächst war der Friedhof für alle Besucher gesperrt. Am 1. November 1961 erging eine Verfügung an die Verwaltungen der Friedhöfe der Sophienkirche, der Französisch-Reformierten Kirche, der Dom-Kirche, der Hedwigskirche und des Invalidenfriedhofs. Ihre Diktion ist militärisch, nicht feststellbar ist zum gegenwärtigen Zeitpunkt, wer sie verfaßt hatte.

Sie hatte folgenden Wortlaut: *»Zum Schutz der Bürger der Deutschen Demokratischen Republik mußten aufgrund von verschiedenen Zwischenfällen die Friedhöfe in der Liesenstr. und der Invalidenfriedhof gesperrt bleiben.*

Nach Durchführung der Sicherungsmaßnahmen der DDR wird für die Friedhöfe im Grenzgebiet des Stadtbezirks Berlin-Mitte folgende Regelung des Besucherverkehrs möglich:

1. Die Friedhofsverwaltung ist für die Regelung des in der Ergänzung zur Friedhofsordnung angegebenen Besucherverkehrs verantwortlich.

2. An jeden Besucher des Friedhofs wird eine Marke durch die Friedhofsverwaltung ausgegeben.

Nach Ablauf der Besucherzeit muß den Sicherungskräften die restlose Räumung des Friedhofs gemeldet werden, die am Rücklauf der Besuchermarken sorgfältig zu prüfen ist.

3. Beerdigungen sind während der Öffnungszeiten gestattet.

4. Durch einen geeigneten Zaun ist der festgelegte Grenzsicherungsstreifen vom übrigen Teil des Friedhofs abzuteilen.

5. Im Grenzsicherungsstreifen sind Bestattungen untersagt.

6. Die besonderen Weisungen der Grenzsicherungskräfte sind zu befolgen.

7. Die nachstehende Ergänzung zur Friedhofsordnung und die obige Anweisung sind an sichtbarer Stelle zu veröffentlichen.«[130]

Die letzte Phase des fast völligen Untergangs dieses historischen Ortes begann. Nun rächten sich alle Versäumnisse der Jahre nach 1945, denn nur vier Grabstellen standen unter Schutz und bei anderen gab es einen zeitlich begrenzten Handlungsraum des Bewahrens durch die Liegefristen. Die Angestellten des Gartenamtes mühten sich zwischen Disziplin gegenüber dem Staat und ihren Vorgesetzten einerseits und den berechtigten Forderungen der Familienangehörigen anderseits. Nach wie vor zahlten Familien für die Grabpflege, und das war in dem devisenhungrigen Staat eine wichtige Position, aber auch das einzige Argument zum Erhalt von Grabstellen. Die Grenzorgane aber drängten, sie benötigten für die ihnen übertragene Aufgabe Platz, Raum für die Grenzanlage – Zaun und Draht bzw. später Betonmauer – Platz für einen Postenweg und Schußfreiheit.

1962 fielen die ersten Entscheidungen. Das ganze Gebiet um den Friedhof war davon betroffen. Und nicht nur die Grenzanlage war Auslöser für Vernichtungs- und Abräumaktionen. Regierungskrankenhaus der DDR und Generalstaatsanwaltschaft (ehemals Kaiser-Wilhelm-Akademie) in unmittelbarer Nachbarschaft wurden besonders gesichert durch Kräfte des Ministeriums für Staatssicherheit. Der Friedhof bildete eine Nahtstelle zwischen zwei Kräften. Hinzu kam das Krankenhaus der Polizei, dann der NVA am nördlichen Ende der Scharnhorststraße. Reibereien und unterschiedliche Auffassungen fanden dann im Schicksal des Friedhofs ihren Niederschlag.

Der Juni 1962 brachte einen ersten Einschnitt. Am 2. Juni schrieb das Gartenamt an das Stadtbezirksbauamt: *»Von den Grenzsicherungsorganen wurden wir angesprochen, daß die alten verfallenen Grabsteine auf dem Invalidenfriedhof hinter dem Stacheldrahtzaun abgeräumt werden sollen, da die Sicherheit nicht 100% gewährleistet ist. Es handelt sich um ca. 100 Grabsteine, deren Liegefrist von 25 Jahren bereits abgelaufen ist.«*[131] Es war zunächst kein Geld da, das wurde bewilligt und die Steinmetzhütte Baumschulenweg übernahm den Auftrag, der im Dezember »abgearbeitet« war. *»94 to Grabdenkmäler bestehend aus Sandstein, Kalkstein, Kunststein, hellem und dunklem Granit abgebaut«* heißt es in der Rechnung. Angemerkt wurde: *»besondere Schwierigkeiten machten die Denksteine in den überdimensionalen Größen, die wir erst, um sie transportieren zu können, spalten mußten«.* Sämtliches Material wurde auf dem Friedhof gelagert. Weitere *»26,5 to Grabdenkmäler, deren Liegezeit noch nicht abgelaufen ist, die aber im Sperrgebiet Sichtbehindernd sind,* (wurden) *fachgemäß abgebaut und als liegende Steine auf die Grabstelle gelegt.«*[132]

Mausoleum der Familie des Maurermeisters Rabitz, Erfinder der Rabitzwand, Zustand 1940/41. (LA)

Die Denkmalpflege wehrte sich gegen die Abräumung und machte insbesondere auf den Kunstwert des Scharnhorstgrabes aufmerksam, das *»von internationaler kunsthistorischer Bedeutung ist«.* Erstmalig tauchte der Vorschlag auf, *»dieses Grabdenkmal zu versetzen, mit einer gleichzeitigen Überführung des Sarkophags.«*[133] Dieser Vorschlag wurde von Zeit zu Zeit wiederholt, vehement im Zusammenhang mit der Schinkel-Ausstellung in Ostberlin im Jahre 1981 und letztmalig im Jahre 1984. Hierbei war daran gedacht, das Denkmal auf einem öffentlichen Platz der Stadt neu aufzustellen. Die Denkmalpflege lehnte dies ab, wahrscheinlich weil das das Ende des Friedhofs bedeutet hätte. 1976 sicherte die Familie von Richthofen die sterblichen Überreste Manfred von Richthofens. Sie ließ die Gebeine exhumieren und in das Familiengrab überführen.

Die Gründe für diese Vorgehensweise der zentralen Organe der DDR lagen in der Funktion der Grenzanlagen begründet. Jede Deckungsmöglichkeit sollte ausgeschaltet werden, ein freies Sichtfeld hergestellt werden. Weiterhin hatten die Soldaten bei Nacht Angst, auf einem Friedhof Wache zu stehen. Ein weiteres Moment war, daß die höchste militärische Auszeichnung der DDR der Scharnhorst-Orden war. Das bedeutete zwar, daß man das Grabdenkmal nicht beseitigen konnte, aber es gab den Wunsch, militärische Zeremonien der Ordensträger nicht an diesem stillen Ort zu vollziehen. Nicht nachgewiesen werden konnte bisher ein Befehl zur systematischen Beräumung oder Zerstörung, was möglicherweise auf ideologische Gründe hätte schließen lassen können. Für die Felder E, F und G sind vom Gartenamt aufgestellte Listen erhalten, die noch nicht abgelaufene Grabstellen betrafen. Handschriftlich steht auf ihnen: *»verbleiben auf dem Friedhof, da die Liegefrist noch nicht abgelaufen ist.«*[134]

Alle Bemühungen halfen nichts, es wurde weiter abgeräumt. 1962 sollte auch die Ruine der Gnadenkirche gesprengt werden. Das erfolgte 1967/1968 im Zusammenhang mit einer weiteren Abräumaktion auf dem Friedhof. Auf einer Besprechung am 1. November 1962 auf dem Friedhof wurden die Schritte dazu festgelegt. Hier war nun auch die Denkmalpflege beteiligt. Sie erhielt den Auftrag: *»Die Abt. Denkmalpflege beim Magistrat von Groß-Berlin wird am Freitag, dem 8.11. 1968, gemeinsam mit dem Gartenamt festlegen, welche Grabstellen und Steine, die unter Denkmalschutz stehen, auf dem Friedhof verbleiben. Ferner wird die Abt. Denkmalpflege dem Gartenamt Mitte, schriftlich die unter Denkmalspflege stehenden Grabstellen bestätigen.«*[135] Diese Liste konnte nicht ermittelt werden, aber es kann sich nicht um eine umfangreiche Aufstellung gehandelt haben. Im übrigen betraf dieses Vorgehen nur noch die Felder A, B, C, und D.

Die Denkmalpflege teilte am 18. November dem Gartenamt mit: *»Wir sind der Ansicht, daß die verbleibenden Grabzeichen nicht unbedingt an der heute innegehabten Stelle verbleiben müssen, sondern es können Rasenflächen geschaffen werden, die mit neuzeitlichen Geräten, wie Rasenmähern und dergleichen Zeit und Arbeitskräfte sparend zu bearbeiten sind. Schadhafte Gitter und Gittersockel empfehlen wir, aus demselben Grund zu entfernen. Die verbleibenden Grabzeichen können so auf der Rasenfläche aufgestellt werden, daß sie so wenig wie möglich eine ökonomische Bearbeitung der Rasenfläche stören ... Restaurierungsarbeiten an verbleibenden Grabzeichen erfolgen durch das HR Denkmalpflege im Rahmen der zur Verfügung stehenden Mittel.«*[136] Und die gab es eben nicht. Wer derartige Festlegungen trifft, wird wohl den Kleinkrieg führen müssen, um große Teile der Substanz zu sichern. Genehmigt wurde auch der Abbau wertvoller Gitter, ihre Einlagerung bzw. Neuverwendung. So ist u.a. das

Das zum Schutz vor Wetterunbilden »eingehüttete« Grabdenkmal Gerhard v. Scharnhorsts. Inzwischen ist das Denkmal restauriert, der Schutz abgenommen und 1995 der Öffentlichkeit wieder übergeben worden. (Privatbesitz)

Grabgitter der Familie Hülsen-Haeseler gesichert und im Nikolaiviertel zur Absicherung eines Biergartens gegenüber der Straße verwendet worden.

Was wurde in diesen und den folgenden Jahren getan? Es lief über gedankenlose Vernachlässigung, wie es viele Friedhöfe traf, über Auswahl von Gräbern zum Abräumen, die unter Nutzung des Ablaufs der Liegefristen erfolgte, bis zum systematischen »flächendeckenden« Abräumen ganzer Felder zur Herstellung von Schußfreiheit. Mangelnde Entschlußfreudigkeit im Zusammenhang mit dem Erhalt von Kunst-, Kultur- und militärhistorisch wichtigen Objekten kam hinzu, so daß es keine Festlegungen zum Erhalt gab, der Friedhof mit seinen wenigen Grabanlagen neben der systematischen Abräumung einfach verfiel, vom »Zahn der Zeit« zerstört wurde. Unter dem Aspekt des viel bemühten Wortes der »bewältigten Geschichte« ist das

Restauriertes Grabdenkmal Gerhard v. Scharnhorsts,
Aufnahme 1995. (R. Grahn)

vorliegende Ergebnis frappant. Geschichte kann man nicht »bewältigen«, nur aufarbeiten, durchsichtig machen, mit ihr umgehen im Sinne des »Meisterns«. Bewältigung enthält nach der Logik der deutschen Sprache etwas Gewalttätiges und wird im 19. Jahrhundert auch im Sinne von Vergewaltigen gebraucht.

Ein durchaus ähnlicher Vorgang ist während derselben Jahre beim Abriß der Ruinen der historischen Bauten im Bereich der Wilhelmstraße, insbesondere der Reichskanzlei zu beobachten. Auch da war das Ergebnis ein abgeräumter Platz, eine »Wüste«, die, da die Merkzeichen fehlten, scheinbar geschichtslos war. Auf dem so künstlich geschaffenen »jungfräulichen« Boden, sollte das »Neue« wachsen. Im Bereich der Wilhelmstraße war es eine Tafel für Losungen, auf dem Invalidenfriedhof die Mauer und die Sicherungsanlagen. Es fällt bei all dem Rigorismus dieser Jahre auf, daß nur an diesen beiden Stellen mit brutaler Totalität vorgegangen wurde. Andere Orte und andere Friedhöfe, z.B. der in Bornstedt, waren von derartigen Aktionen kaum tangiert. Mag es Unkenntnis oder die Scheu vor den Kosten gewesen sein, an anderen nicht so bekannten Orten in der Stadt sind derartig umfangreiche, politisch motivierte Vernichtungsaktionen nicht vollzogen worden. Erinnert sei nur an die Toten der Auseinandersetzungen der Jahre 1918/1919 auf seiten des Militärs, die auf einem Friedhof in Hohenschönhausen beigesetzt wurden und noch heute dort liegen. Selbst als der alte Garnisonfriedhof in der Linienstraße aus Kostengründen von längst abgelaufenen Grabstellen »bereinigt« wurde, standen politische Motive nicht mehr so stark im Vordergrund, so daß es engagierten Kräften gelang, wenigstens einen Teil der Friedhofsanlage zu erhalten.

1971 erlitt das Gelände des Friedhofs einen besonderen Verlust. Nach einem Beschluß des Ministerrates der DDR wurde auf einem Teil des Friedhofs eine Garage mit 40 Boxen und einer Waschhalle errichtet. Dazu wurde diese Fläche eingeebnet. Die Denkmalpflege konnte nicht mehr protestieren, und der Hinweis des Stadtgartendirektors, daß sich dort alte Grabstätten befänden, die bauseitige Nutzungen erst 40 Jahre nach der Einebnung zulassen, wurde beiseite geschoben. Der Gedanke, die Grabstellen zu verlegen, verfiel der Ablehnung. Es kam dann bei den Bauarbeiten unter den Beschäftigten zu einigen Protesten, man hatte Angst vor Leichengift.

In dieser Zeit entschied sich auch das Schicksal des Mausoleums Rabitz. 1974 fand eine Besichtigung statt, denn es sollten Baumaßnahmen auf dem Friedhof erfolgen, d.h. anstelle des Drahtzauns die Betonmauer errichtet werden. Der Baubeginn wurde auf April 1975 gelegt. Dem stand das Mausoleum im Wege. Es stand nicht unter Denkmalschutz, es sollte aber *»wegen seines schönen Aufbaus erhalten und im Depot Niederschönhausen«* eingelagert werden. Dafür fehlte das Geld, das Stadtgartenamt – so in einer Niederschrift – *»bezahlt den Abbau nur solcher Objekte, um das Material zu gewinnen und anderweitig zu verwenden. Da wir aus den Mitteln der Denkmalpflege den Abbau und Aufbau des Mausoleums nicht bezahlen können, bitten wir um Entscheidung, ob das Mausoleum abgerissen werden«* kann. Die Entscheidung fiel im Februar 1975, und das Material sollte VEB Stuck und Naturstein angeboten werden.[137] So verlor der Friedhof weitere Teile seiner Substanz. Gedankenlose Nachlässigkeit zerstörte mehr und mehr den historischen Ort.

Ein gewisses Umdenken setzte ein, als es für viele Grabdenkmale bereits zu spät war. Nach Erlaß des Denkmalpflegegesetzes im Jahre 1975 gab es kurzfristig Möglichkeiten, das Vorhandene noch zu sichern. Beim Invalidenfriedhof betraf das die Grabstelle Scharnhorst im besonderen. 1976 sollte jeweils für den Winter eine Hütte über der Grabstelle errichtet werden. Bei einer Besichtigung des Friedhofs durch die Denkmalpflege am 14. Dezember wurde im Protokoll festgehalten, daß *»der Friedhof einen ungepflegten Eindruck (macht). Viele Gräber sind weggeräumt, eine Anlagengestaltung erfolgte nicht.«* Es folgten dann Ausführungen zur Grabstelle Scharnhorst. Weiter heißt es dann: *»Neben der Scharnhorst-Grabstätte befindet sich ein gußeisernes Denkmal auf dem Grab des Generals von Witzleben. Das Denkmal ist stark verrostet und verrottet.«*[138]

Dieses Grabdenkmal, von Schinkel entworfen, fiel im Jahre 1984 zusammen. Das führte zu einem letzten Versuch der Denkmalpflege, unterstützt von engagierten Berlinern, eine Veränderung auf dem Friedhof herbeizuführen. Er war für die Öffentlichkeit nicht mehr zugänglich, d.h. die wertvollen Grabdenkmale, die immer noch vorhanden waren, konnte keiner zur Kenntnis nehmen, ja selbst die Personen, die von Amts wegen mit der Sicherung der Substanz beauftragt waren, konnten an die zu schützenden Objekte nicht heran.

Das Eingangstor des Invalidenfriedhofs im Jahre 1956.
Erkennbar sind die Kriegszerstörungen. (BA)

Nach vielen Mühen gelang es, die Reste der Grabanlagen zu besichtigen, fotografisch zu dokumentieren und Überlegungen anzustellen, was zu ihrem Schutz zu tun sei. Das Grenzregime hielt den Friedhof aber weiter fest im Griff, gab keinen Meter breit nach. So schrieb – nach zahlreichen Beratungen und der Ausarbeitung von Papieren – der für Berlin zuständige Konservator des Institutes für Denkmalpflege am 24. September 1987 an den Magistrat. Man hatte die Hoffnung, daß das Stadtjubiläum, die 750-Jahr-Feier, möglicherweise neue Ansätze hervorgebracht habe.

In dem Brief heißt es: *»Seit vielen Jahren hat der Invalidenfriedhof an der Scharnhorststraße im Stadtbezirk Mitte immer wieder im Mittelpunkt gemeinsamer Bemühungen des Magistrats der Hauptstadt und unseres Instituts gestanden. Im Rahmen dieser Bemühungen um die Erhaltung und die öffentlichkeitswirksame Erschließung des dort vorzufindenden international bedeutenden Kunst- und Kulturgutes ging es auch um die Verlegung des Grenzverlaufs im westlichen Bereich der historischen Friedhofsanlage; auch aufgrund der erschwerenden Situation, daß gerade der Teil des Friedhofs mit den berühmtesten Grabanlagen im Grenzgebiet liegt, kam es bisher nicht zu den denkmalpflegerisch notwendigen praktischen Maßnahmen.*

Inzwischen ist der Invalidenfriedhof im Zuge einer Aufwertung historischer Friedhöfe, die sich in den letzten Jahren international vollzogen hat, immer deutlicher in das Blickfeld des Interesses in- und ausländischer Gäste unserer Stadt gerückt. Immerhin befindet sich hier das Grab für Scharnhorst mit dem bedeutendsten von Karl Friedrich Schinkel entworfenen Grabmonument, das zugleich in seiner Gestaltung kunstgeschichtlich gesehen eines der qualitätvollsten Grabdenkmale des 19. Jahrhunderts in Europa ist.«[139]

Dem Wunsch nach Veränderung des Verlauf der Grenzanlagen wurde nicht entsprochen, der Antrag gar nicht beantwortet. Im Gegenteil, es war daran gedacht worden, noch weitere Teile des Friedhofs abzuräumen, um dann eigentlich nur das Grabmal Scharnhorst übrigzulassen. Das verhinderte die Öffnung der Grenze, nun war der Friedhof wieder zugänglich. Ein öffentlicher Protest, am Ort vorgetragen, ließ weitere, zerstörerische Aktionen nicht zu. Von nun ab war es möglich, verschiedene Grabdenkmale zu sichern, ihre Teile in Obhut der Denkmalpflege zu nehmen, um sie im Laufe der Zeit zu restaurieren. Die Sicherung der nur noch in wenigen Resten erhaltenen Substanz stellt sich im nachhinein als ein Ergebnis des Umbruchs in der DDR, des Übergangs zur deutschen Einheit heraus.

Bemühungen um den Erhalt der Substanz nach 1989

Im Februar 1992 entstand ein von Denkmalpflegern ausgearbeitetes »Zehn-Punkte-Programm zum Invalidenfriedhof in Berlin-Mitte«, mit der Absicht, diese historische Friedhofsanlage der Nachwelt zu erhalten. Das war das Ergebnis von einvernehmlichen Gesprächen der nun wieder vereinigten Berliner Denkmalpflege. Erstmalig (!) genießt der Friedhof den vollen Schutz der Denkmalpflege, die vor der schwierigen Aufgabe steht, diese große Anlage sowohl in einen würdigen Zustand zu versetzen als auch die Geschichtlichkeit des Ortes zu bewahren. Die Schwerpunkte der zu leistenden Arbeit sind:

1. Bewahrung und Pflege der noch vorhandenen Anlagen,
2. behutsame Gestaltung im Sinne der Pflege und
3. Erinnerung und Mahnung an die Geschichte dieses Ortes.

Dabei wird zu Recht ein Schwerpunkt darin gesehen, jeden »militaristischen Mißbrauch« zu verhindern. Dem Programm kann volle Zustimmung gegeben

Grabanlage für den Kommandanten des Invalidenhauses v. Kessel, Zustand vor der Restaurierung 1991. (Gartendenk.)

Grabanlage v. Kessel, Zustand nach der Restaurierung 1993. Blick auf die Hauptachse des Friedhofs nach der Wiederanpflanzung. (Gartendenk.)

werden, insbesondere da der Hauptpunkt auf eine sachbezoge Kulturarbeit gesetzt wird.

An eine Wiederherstellung des historischen Bildes ist nicht gedacht, es ist wohl kaum möglich und nicht wünschenswert, da dadurch die Historizität des Ortes verwischt würde. Der Gedanke eines Mahnmals ist diskutabel. Besonders wichtig aber scheint es, durch Grabplatten Gräber zu restituieren, und zwar in der Form, daß die Geschichtlichkeit des Ortes nicht verlorengeht. Das entspringt dem Wunsch von Familienangehörigen, ist aber zugleich auch ein Wunsch eines Teils der Öffentlichkeit, um mit der Geschichte der hier bestatteten Personen und Persönlichkeiten vertraut zu werden. Dabei ist nicht gedacht, auch die Gräber jener Personen zu restituieren, die mit der dunkelsten Seite der deutschen Geschichte verbunden sind, aber es soll auf sie aufmerksam gemacht werden. Diese Tatsache verschweigen zu wollen, wäre töricht, denn die Geschichtlichkeit des Ortes einerseits und die Tatsache, daß Verschweigen nur zu neuen Legenden verhilft, verbietet ein derartiges Vorgehen. Dabei muß bewußt mit dem Ort umgegangen werden und möglicher Mißbrauch in alle Überlegungen mit einbezogen werden.

Inzwischen sind zahlreiche denkmalpflegerische Arbeiten in Angriff genommen und zum Teil bereits abgeschlossen worden. Gegenwärtig wird überlegt, die verfallenen, in ihren Resten aber gesicherten Grab-

Grabstelle für den Theologen Ernst Troeltsch nach ihrer Restitution. In derartiger Form, sehr zurückhaltend, können Grabstellen auf Wunsch und auf Kosten der Familien der Öffentlichkeit wieder zugänglich gemacht werden. Der Förderverein Invalidenfriedhof e.V. unternimmt es, Geld für die Restitution zusammenzutragen, um die Personen, die für die Geschichte Berlins und Deutschlands von großer Bedeutung waren und um die sich keine Familien mehr kümmern können, mit einem Gedächtnisstein zu ehren. (Privatbesitz)

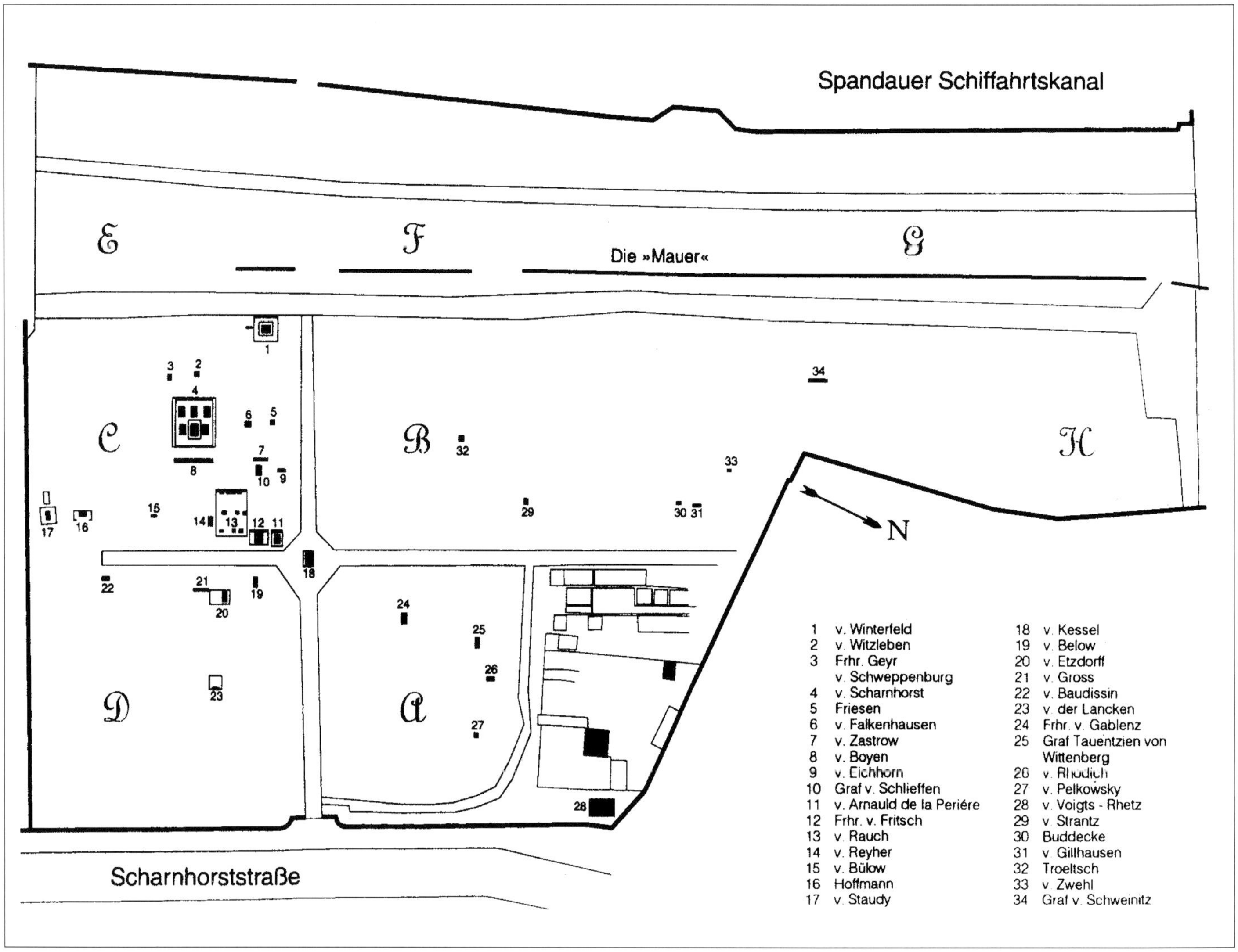

Invalidenfriedhof 1992

denkmäler aus Eisenkunstguß wieder aufzustellen und andere, wertvolle Denkmale vor dem Verfall zu sichern. Das Scharnhorstgrab ist restauriert und gesichert. Wege sind angelegt und befestigt worden, weitere Arbeiten erfolgen laufend. Erste Restituierungen von Grabstellen, deren Kosten die Familien tragen, haben begonnen. Sie verändern den Charakter des Friedhofs nicht. Der Förderverein Invalidenfriedhof e.V. sammelt Gelder, um diese Arbeiten zu unterstützen.

Aufwendungen für die Restaurierung gesicherter, aber nicht sichtbarer Grabdenkmale, wie für Job von Witzleben und die Gebrüder Pirch, sind noch notwendig, um diesen Ort Berliner, preußischer und deutscher Geschichte zu einer Stätte des Erinnerns werden zu lassen und die verschiedensten Seiten der Entwicklungen sichtbar und nachvollziehbar zu machen.

Anhang

Anmerkungen

1 Theodor Fontane, Der Scharnhorst-Begräbnisplatz auf dem Berliner Invalidenkirchof. In: Wanderungen durch die Mark Brandenburg, Viertel Teil – Spreeland, Berlin 1979, S. 430 ff.

2 Kurt Walleiser, Der Berliner Invaliden-Kirchhof, Oldenburg 1904

3 Hermann Frankfurth, Berlin und Potsdam in der Sprache ihrer Kirchen und Friedhöfe, Berlin 1924, S. 145

4 Ebenda

5 Karl Treuwerth, Der Invalidenfriedhof in Berlin. Eine Stätte preußisch deutschen Ruhms, Berlin 1925

6 Günter Hintze, Der Invalidenfriedhof in Berlin. Ein Ehrenhain preußisch-deutscher Geschichte, 1. Aufl., Berlin 1936. Benutzt wurde die 4. Auflage aus dem Jahre 1940

7 Ebenda

8 Rudolf v. Ollech, Geschichte des Invalidenhauses von 1748 bis 1884, erschienen in den Beiheften zum Militärwochenblatt, Heft 8, 9 und 10 aus dem Jahre 1885, S. 305 – 345. Im gleichen Jahr erschien im Verlag Mittler & Sohn ein Sonderdruck im Umfang von 131 Seiten, der heute als »rara« in einigen Bibliotheken geführt wird.

9 Lorenzen, Geschichte des Berliner Invalidenhauses, Teil II. In: Beiheft zum Militärwochenblatt, 1905, Heft 5, S. 173 – 211.

10 Geheimes Staatsarchiv-Preußischer Kulturbesitz (im weiteren: GStPK), Rep. 21, Nr. 127, Protokolle des Geheimen Kriegsrates Nr. 115, 7.1.1703 bis 29.12.1704, Bl. 4

11 Ebenda Bl. 39

12 Ebenda Bl. 81

13 Ebenda Bl. 89

14 Rudolf v. Ollech, a.a.O., S. 1

15 GStPK, Protokolle des Geheimen Kriegsrates, Rep. 21.127, Nr. 67, Berichtszeitraum 3.1.1705 bis 21.8.1705. Sitzung v. 22.5.1705, o.Bl.

16 Zentrales Archiv der geschlossenen Grundbücher Bertlins (im weiteren: ZAG), Grundbuch Königsstadt, Bd. XXXXIV, Bl. 2889. S. 1 ff.

17 GStPK, Protokolle des Geheimen Kriegsrates, Rep. 21, Nr. 127, Nr. 69, Bl. 96 Rs.

18 Ebenda, Bl. 117 Rs.

19 Urkundliche Beiträge und Forschungen zur Geschichte des Preußischen Heeres, Hrsg. vom Großen Generalstab, Siebentes Heft, Die alte Armee von 1655 bis 1740, Berlin 1905, 121

20 Ebenda, S. 124

21 Ebenda, S. 128

22 Ebenda, S. 130

23 Ebenda, S. 132

24 Ebenda, S. 152

25 Rudolf v. Ollech, a.a.O., S. 2f.

26 Karl Ludwig Krug, Diss. phil. Leipzig 1707, S. 121

27 Johann Peter von Ludewig, Das Recht der Invalidenhäuser, Vorgestellt bei Gelegenheit Des von Ihro Majestät zu Preußen neuangeordneten Invaliden Hauß für alte und breßhafte Soldaten. Wobey zugleich die bey auswärtigen Potenzen deswegen gemachte Veranstaltungen angeführt werden, Frankfurt am Main – Leipzig 1707, S. 3

28 Ebenda, S. 41

29 Ebenda, S. 42

30 Ebenda, S. 89

31 Rudolf v. Ollech, a.a.O., S. 3

32 Ebenda, S. 4

33 Ebenda, S. 4f.

34 Ebenda, S. 6

35 Ebenda, S. 6

36 Ebenda, S. 7

37 Das Original befand sich im Archiv des Invalidenhauses

und gilt als vernichtet oder verschollen. Eine Kopie aus der Zeit befindet sich im GStPK, Nachlaß Friedrich II. Eine Abschrift des 19. Jahrhunderts enthält die den Invalidenfriedhof betreffende Grundbuchakte.

38 Abgedruckt bei Ollech, a.a.O., S. 9

39 Graf Lippe, Vom Großen König. In: Militär-Wochenblatt 1885, Nr. 92, Sp. 1885, siehe auch Lorenzen, a.a.O., S. 174

40 Ebenda

41 ZAG, Grundbuch Königsstadt, Band XXXIV, Bl. 2689, S. 4 ff..

42 Ebenda, Bl. 9 ff.

43 Rudolf v. Ollech, a.a.O., S. 23

44 ZAG, Grundbuch Oranienburger Torbezirk, B. 51, Bl. 1508, S. 14. f.

45 Rudolf v. Ollech, a.a.O., S. 9

46 ZAG, Grundbuch Oranienburger Torbezirk, Band 19, Blatt 921,
S. 5

47 Rudolf v. Ollech, a.a.O., S. 206

48 GStPK, Rep. 76 III, Sekt. 12, Abt. XIX–XX, No. 68, Band 5, o.Bl.

49 So Heinz Barnewitz in einer Gedächtnisniederschrift vom 8. Juli 1945, GStPK, IV. HA B, Nr. 654

50 Vorwort zum Totenbuch der Garnisons-Gemeinde zu Berlin.

51 GStPK, Rep. 76 III, Sekt. 12, Abt XIX–XX, No. 68, Band 2, o.Bl.

52 Ebenda, Rep 76 III, Sekt. 12, Abt. XIX–XX, No. 44, No.1 Acta betreffend die Angelegenheiten des Invalidenhauses zu Berlin, auch Anstellung und Besoldung der Prediger und Kirchenbedienten bei derselben für die evangelischen Glaubensgenossen.

53 Gesetz-Sammlung für die Königlichen Preußischen Staaten, 1811, No. 15, S. 178

54 Ebenda, S. 193 ff.

55 Ebenda, 1832, No. 7, S. 79

56 GStPK, Rep. 76 III, Sekt. 12, Abt. XIX–XX, Bd. III. Bl. 92

57 Ebenda

58 Amts-Blatt der Königlichen Regierung zu Potsdam und der Stadt Berlin, Jahrgang 1835, S.99

59 Ebenda, S. 102

60 Ebenda, S. 164

61 Ebenda, S. 176

62 GStPK, Rep. 76, Sekt. 12, Abt. XX–XX, No. 18, Bd. II, Bl.87

63 Evangelisches Zentralarchiv, Totenbücher der Invalidenhaus-Civilgemeinde

64 Ebenda

65 Ebenda, S. 130

66 Ebenda, S. 130

67 Rudolf v. Ollech, a.a.O, S. 105

68 GStPK, Rep. 76 III, Sekt. 12, Abt. XIX–XX, Nr. 62, Acta betreffend die Beisetzung der irdischen Überreste des im Jahre 1814 durch Meuchelmord in den Ardennen in Fankreich gefallenen Lieutnants Friesen

69 Ebenda

70 Ebenda

71 Ebenda

72 Rep. 76-III, Sekt. 12- Abt. XIX–XX, No. 44, Band 1, Acta betreffend die Angelegenheiten der Kirche des Invalidenhauses zu Berlin, auch Anstellung und Besoldung der Prediger und Kirchenbedieten bei derselben für die evangelischen Glaubensgenossen, Bd. 1 vom Januar 1820 bis Dezember 1865

73 GStPK, Rep, 76-III, Sekt. 12, Abt. XIX–XX, No. 44, Bd. 1., Acta betreffend die Angelegenheiten der Kirche des Invalidenhauses zu Berlin, auch Anstellung und Besoldung der Prediger und Kirchenbedienten bei der selben für die evangelischen Glaubensgenossen – Januar 1820 bis Dezember 1865, o.Bl.

74 Ebenda

75 Rudolf v. Ollech, a.a.O., S. 104

76 GStPK, Rep. 76-III, Sekt. 12 Abt. XIX–XX, No. 44, Band 2, o.Bl.

77 Ebenda

78 GStPK, Rep. 89 (2.2.1.), Nr. 23506, o.Bl.

79 GStPK, Rep. 89, Nr. 4462, 89 C.XLV m b

80 Bundesarchiv, R 43 II/710, Bl. 249

81 Ebenda, Bl. 237

82 Ebenda, Bl. 238

83 Ebenda, Bl. 239

84 Ebenda, Bl. 243

85 Ebenda, R 43/711, Bl. 73

86 Ebenda, Bl. 88

87 Ebenda, Bl. 93

88 Ebenda, R 43/710, Bl. 12

89 Ebenda, Blatt 131.

90 Ebenda, Blatt 132.

91 Ebenda, Blatt 131.

92 Ebenda, R 32/358, Bl. 121

93 Ebenda, Bl. 120

94 Zit. nach Wolfgang Schäche, Architektur und Städtebau in Berlin zwischen 1933 und 1945, 2. Aufl., Berlin 1992, S. 589.

95 Rudolf v. Ollech, a.a.O., S. 127

96 Ebenda, S. 128

97 Bundesarchiv, R 43/1288, Blatt 144 f.

98 Ebenda, Bl.147

99 Sterberegister, Invalidenfriedhof, Senatsverwaltung für Stadtentwicklung und Umweltschutz

100 Umwelt und Grünflächenamt Berlin-Mitte, Alte Akten

101 Ebenda

102 Ebenda

103 Ebenda

104 Ebenda

105 Ebenda
106 Ebenda
107 Verordnungsblatt für Groß-Berlin, 7. Jahrgang, Teil II, Nr. 22 v. 19.5.1951, S. 134
108 Ebenda, 7. Jahrgang, Teil II, Nr. 22, S. 134
109 Ebenda, S. 138
110 Umwelt und Grünflächenamt Berlin-Mitte, Alte Akten
111 Ebenda
112 Ebenda
113 Ebenda
114 Landesarchiv Berlin (im weiteren: LAB), Rep. 101, Nr. 731, o.Bl.
115 Ebenda
116 Ebenda
117 Berliner Zeitung, 22. Dezember 1951.
118 LAB, Rep, 101, Nr. 732, o.Bl.
119 Umwelt- und Grünflächenamt Berlin-Mitte, Alte Akten
120 Ebenda
121 Ebenda
122 Ebenda
123 Ebenda
124 Ebenda
125 Ebenda
126 Ebenda
127 Ebenda
128 Ebenda
129 Ebenda
130 Ebenda
131 Ebenda
132 Ebenda
133 Akten des Landesdenkmalamtes Berlin, Bestand Invalidenfriedhof
134 Umwelt- und Grunflächenamt, Alte Akten
135 Akten des Landesdenkmalamtes Berlin, Bestand Invalidenfriedhof
136 Ebenda
137 Ebenda
138 Ebenda
139 Ebenda

Verzeichnis ausgewählter Literatur

Theodor Fontane, Der Scharnhorst-Begräbnisplatz auf dem Berliner Invalidenkirchof. In: Wanderungen durch die Mark Brandenburg, Viertel Teil – Spreeland, Berlin 1979, S. 430 ff.

Hermann Frankfurth, Berlin und Potsdam in der Sprache ihrer Kirchen und Friedhöfe, Berlin 1924

Wolfgang Gottschalk, Der Invalidenfriedhof in Berlin, Berlin 1991

Günter Hintze, Der Invalidenfriedhof in Berlin. Ein Ehrenhain preußisch-deutscher Geschichte, 1. Aufl., Berlin 1936, 4. Auflage aus dem Jahre 1940

Lorenzen, Geschichte des Berliner Invalidenhauses, Teil II. In: Beiheft zum Militärwochenblatt, 1905, Heft 5, S. 173–211.

Johann Peter von Ludewig, Das Recht der Invalidenhäuser, Vorgestellt bei Gelegenheit Des von Ihro Majestät zu Preußen neuangeordneten Invaliden Hauß für alte und breßhafte Soldaten. Wobey zugleich die bey auswärtigen Potenzen deswegen gemachte Veranstaltungen angeführt werden, Frankfurt am Main – Leipzig 1707

Rudolf v. Ollech, Geschichte des Invalidenhauses von 1748 bis 1884, erschienen in den Beiheften zum Militärwochenblatt, Heft 8, 9 und 10 aus dem Jahre 1885, S. 305–345.
Im gleichen Jahr erschien im Verlag Mittler & Sohn ein Sonderdruck im Umfang von 131 Seiten, der heute als »Rara« in einigen Bibliotheken geführt wird

Karl Treuwerth, Der Invalidenfriedhof in Berlin. Eine Stätte preußisch-deutschen Ruhms, Berlin 1925

Kurt Walleiser, Der Berliner Invaliden-Kirchhof, Oldenburg 1904

Abkürzungen

BA	Bundesarchiv Koblenz
Gartendenk.	Gartendenkmalpflege Berlin, Senatsverwaltung für Stadtentwicklung und Umweltschutz
GStPK	Geheimes Staatsarchiv – Preußischer Kulturbesitz
LA	Landesarchiv Berlin
LaBi	Landesbildstelle
LD	Landesdenkmalamt Berlin
MB	Meßbildarchiv beim Brandenburgischen Landesamt für Denkmalpflege

Personenregister